良寛

愛語は愛心よりおこる

Mochida Koichiro
持田鋼一郎

作品社

良寛／目次

良寛

——愛語は愛心よりおこる

まえがき

今日の日本はいままで経験したことのない超高齢化社会を迎え、核家族化の進行による高齢者の孤独が大きな問題になってきている。また、厚労省の年金の杜撰な管理に加えての天下りによる税金の無駄遣いの結果（志賀櫻『タックス・イーター』、岩波新書、二〇一四・堺屋太一他「厚生労働省という犯罪」『中央公論』二〇〇八年三月号）、生活保護費以下の低年金での生活をやむなくされている高齢層が拡大しつつあるが、これは単に経済上の問題ではない。深く人間の生き方、精神のあり方にかかわってくる問題である。高齢者は現代社会においてどう生きたらよいかという問いが、いまだかつてない大きな問題として浮上してきている。

そこで孤独と貧困の中で生活する高齢者が充実した老後を送るための方法が問われている。老後の不安を解消するための社会の制度的改革が必要であることはもちろんであり、その達成に向けての地道で継続的な努力が必要なことも言うまでもない。新自由主義者たちでさえ、さすがに住む家もなく、着るものもなく、食べるものもない生活を肯定しているわけではなく、最低限の「セーフティーネット」の必要性は認めている。しかし、すでに老境に入った人間には当てにしならない制度の改革に期待をかけ、今日ただいまの自分が置かれている「孤独」と「貧しさ」という環境から抜け出すためだけに齷齪《あくせく》するよりも、「孤独」と「貧しさ」そのものの中に真・善・美を発見することの価値を再認識することも必要だと私は考える。

もっとも、私の愛読する『ヘンリ・ライクロフトの私記』の中で、ジョージ・ギッシングは、ジョンソン博士の「君、貧乏はけっして不幸なことではないという議論が多いが、そういう議論そのものが、結局は貧乏が明らかに大きな不幸であることを証明している。たくさんお金があれば幸福に暮らせる、ということをやっきになって説こうとする人間はまずいないからね」という台詞を引用し、貧乏がいかに人生に不幸をもたらすかを縷々述べている。ギッシングの主張に反論することは難しい。しかしまた、一方で、次のような主張が真実であることも否定しがたい。

十九世紀アメリカの教育者であり思想家であったヘンリー・デヴィッド・ソローは「むかしから最高の賢者たちは、貧しいひとびと以上に質素で乏しい生活を送ってきたものだ。シナ、インド、ペルシア、ギリシアなどの古代の哲学者たちは、外面的な富においてはもっとも貧しく、内面的な富においてはもっとも豊かな階級に属していた」(『森の生活――ウォールデン』、飯田実訳)と語り、林語堂は「この際われわれは、つぎの一点を明らかにしておかなければならない。さきにわれわれが閑暇の産物なりと規定した閑適生活の浪漫的礼賛は、よく世間でいわれるように、富裕階級のためのものでは断じてないのである。そう考えることは、この問題の進路に横たわるとほうもない誤解である。それは、自ら閑適生活を求め、または止むなくその生活に入って行った、貧困、轗軻（人の不運なこと）、不遇、清貧の士のためのものなのである」（『人生をいかに生きるか・上』、阪本勝訳）と述べている。

　このように考える時甦ってくるのが良寛や十二世紀のイタリアのアシジに生きた聖フランシスコの生涯と信仰である。彼等のように生きることは不可能であるにしても、彼等の生涯と信仰に触れることによって老後が豊かになり、貧しい独り暮らしの孤独が癒される。

　宝暦八年（一七五八）に、越後の国（いまの新潟県）出雲崎の名主の長男として生まれた良寛は、長じてからは岡山玉島の円通寺で厳しい禅宗の修行を積み、師である国仙大忍から与えられた印可の偈《げ》によって大愚良寛を名乗った。帰郷の年には諸説あるが、寛政八年（一七九六）故郷の越後に帰り、国上《くがみ》山中の五合庵や蒲原平野に点在する粗末な草庵を転々とし、托鉢によって日々の生活の資を得るという極貧の生活を送った。しかし、周囲の自然と親しみ、その四季折々の変化を愉しみ、近隣の人々に慕われ、親しく交わり、座禅や読経のかたわら歌を詠み、漢詩を作り、時にすばらしい書を残した。まさに精神の貴族ともいうべき生活を送った。営利栄達への道からは遠く離れ、無名に生き、貧しさを友としつつ、その生活の中で人間にとっての真、善、美を求め続けたのである。

　こうした良寛の人生と信仰に、その歌や詩を通して触れると、それだけで傷ついた心が癒され、どんな環境に置かれても自暴自棄になることなく、生きて行くことの意味を改めて教えられるような気がする。私は自分の人生を振り返り、苦しい時、辛い時、寂しい時にはいつも良寛を読んで慰められ、励まされてきたような気がする。
私が愛唱する良寛の歌に次の一首がある。

あしひきの岩間をつたふ苔水のかすかにわれはすみわたるかも

「あしひきの」の語は「やまかげの」と記されることがあるが、歌の意味は変わらない。良寛が住んだ五合庵には、毎日良寛がそこから生活に必要な水を汲んだ苔清水があった。冷たく澄んだ清水を汲むたびに良寛は自分の一生を象徴する真実と美しさ、善きものをその苔清水に見出したに違いない。

この本によって、そうした良寛の生活と信仰の片鱗でも伝えられたら、私にとっては大きな喜びであり、いままで生きてきた自分の人生にも意味があったと思うことが出来る。

平成二十九年十一月

一　良寛さまをめぐる逸話

江戸時代の奇人たち

どの世界でも、常人の及ばない大きな仕事を達成した人物には様々な逸話がつきものである。逸話の多くはその人物の人並み優れた能力や徳の高さ、奇癖や奇行を語るとともに、その人物の人柄を簡潔に伝えているものが多い。

伴蒿蹊《ばんこうけい》の『近世畸人伝』は寛政十年に平安書肆林伊兵衛以下の六家によって出版された当時のベストセラーの一つで、江戸時代の奇人と称された有名・無名の人物の逸話を簡潔に伝えて興味深い。柳田聖山の『沙門良寛』(人文書院、一九八九)には、良寛がこの書の続編の中に記されている「白幽伝」を、不眠症を克服するために読み、両足をまっすぐ伸ばし、上を向いて大の字に寝る「臥禅」を学び、実践したと記されている。おそらく正編も読んでいたであろうが、まさか後に自分の奇人ぶりが広く世間に知られるとは思っていなかっただろう。

蒿蹊は享保十八年（一七三三）に近江出身の京都の商家に生まれ、八歳の時に親戚の畳表、蚊帳、傘などを扱う豊かな商家に養子に入り、江戸日本橋にあった支店への気配りも怠らず、大阪淡路町には新しい店を出すなど商売に熱心だったが、明和五年（一七六八）に養嗣子に家督を譲り隠居、以後は文化三年（一八〇六）に七十四歳で死ぬまで、歌人、文章家、古典の研究者として活躍し、歌集に『閑田詠草』があり、古今調の歌をよくしたと言われ、文章家としての代表作が『近世畸人伝』である。『主従心得書』も近江商人の家訓書として高く評価されている。

蒿蹊はまずこの本で用いる「畸人」の概念についてなるべく広く考えると述べ、その結果、老荘思想の実践者だけを取り上げるのではなく、儒者をはじめ徳行の士も取り上げるが、中には破産するまで風狂の限りを尽くし、とても徳行の士とは呼べないものも混じっている、と語る。ただ、「功利に基し、世知に走り、不忠不信」な人物は奇人であっても取り上げないと断言している。要領がよく金儲けと世渡りが上手で人を裏切って平気な人物は、いくら奇人と言われていても自分には関心がないと述べているのである。

そこで蒿蹊はまず江戸初期の儒者、中江藤樹からその奇人ぶりの紹介を始める。藤樹は、子供のころ家に賊が押し入ったが、恐れることなく賊を取り押さえようとしたほど勇気があった。金銭には淡白でこだわらず、母親には孝養を尽くし、妻には容貌は醜いが頭がよく気立ての良い婦人を選んだ。はじめ朱子学を学んだが三十過ぎて王陽明の『陽明全書』を読んでからは陽明の知行合一の説を信じるに至り、親を愛し、兄を敬する心、また赤子を見て慈愛する心がいまだ滅びていないことを重視し、「この心をとどめて大事にして失うことが無ければ、聖人の心を得たに等しい」と述べて、『論語』の新しい解釈を示した。頭の悪い子供を何とか医者にしたいという親の依頼を受け、テキストとして『大成論』を読ませたが、わずか二、三句を二百回教えても覚えることが出来なかった。食事をしたら覚えことをすべて忘れてしまうほど記憶力がなかったが、再度百遍読んで、ようやく覚える始末だった。しかし、こうした努力を飽きることなく繰り返した結果、その弟子は医者として業を立て、家族を養うことが出来るようになった。藤樹の何に対しても誰に対しても、誠心誠意立ち向かう姿に蒿蹊は感動し、その慈愛の心を奇とし、尊んだのである。

国学の先行者であった僧契沖については、まず、幼少からの驚くべき記憶力を述べている。五歳の時には母から百人一首を聞いてすべて覚えてしまい、十一の時には、修行のために入門した寺で『般若心経』を四、五遍聴いただけで覚えてしまったのみならず書き記すことが出来るようになった。また大変な読書家で、自分の宗派の真言宗の仏典だけでなく他宗の経典もすべて読破し、儒書、詩文集についても目を通さないものがないほどだった。『万葉代匠記』を完成し、水戸の西山義公（徳川光圀）から褒美として与えられた「白金千両、絹三十疋」も寺の修理の費用に充て、残りはすべて貧乏人に与えてしまうほど無欲だった。万葉集や古今集の歌は、碁笥《ごけ》から碁石を取り出すようにすらすらと口に出し、すべて記憶していた。また、契沖の国学者としての優秀さを褒めるだけでは片手落ちで、僧としての見識、行動も高く評価しなければならないと述べている。蒿蹊はここでも契沖の学問に対する真摯な態度と金銭に対する淡白な態度を奇とし、称賛しているのである。

もう一人、江戸の蕪村とともに文人画を代表する画家、池大雅について触れているところを紹介しておこう。大雅は三歳で文字を覚え、五歳から見事な書を書いた。書にも文にも優れていたがとりわけ絵に長じていた。このころ、黄檗宗《おうばくしゅう》の千呆《せんがい》禅師に招かれて、その席上大きな書を書いたがあまりに見事だったので禅師はびっくりし、寺中の僧たちがこれを褒め、詩まで作って讃えた。中国風の山水画を描き始めたころ、扇面に絵を描いてこれを近江・美濃・尾張の国で売ろうとして出かけたが、一枚も売れなかった。そこで帰途、瀬田の大橋を渡る途中で扇をすべて琵琶湖に投げ捨て「これらすべての絵で竜王を祀ります」と言ったところ、その後、大雅の名は日本国中に知れ渡るようになった。ことに富士山を愛し、しばしば富士登山をしたがいつものぼり道を変え、百枚の絵を仕上げた。また、ある時大雅は、富豪に絵を所望されたが気が進まず、一向に絵筆を執らなかった。そこである日、何度も大雅の住まいに使いに出された富豪の家で働く子供の召使が「この絵筆を執らない絵描き野郎め。どれだけ人に無駄足を運ばせる気か。自分を何様だと思っているのか。なまけ者じゃないか。人をバカにしやがる」と言う声を耳に留め、少年を呼び止め、「お前の言う通りだ。俺が誤っていた」と言い、すぐに筆を執ったという。信仰に篤く、死に際しては死期をさとり一切、薬を口にしなかった。

蒿蹊は自分を貫き、権威と富に屈することのなかったところに大雅の奇人たる所以を見て取っている。

このほか遊女、狂僧など常識からすると上記のような人々と同列に扱われることが憚られるような人々をも取り上げ、その奇人たる所以を記し、賛辞を捧げている。いずれも何か長所があり、金銭に淡白な人々である。

解良栄重と『良寛禅師奇話』

良寛の生きていた時代にはこうした「奇人」を敬う気風が存在していたと言える。したがって世間の常識から外れた人生を送った良寛について、その奇人ぶりに焦点を当てた逸話を集めた記録があってもおかしくない。それが解良栄重《けらひでしげ》の記した『良寛禅師奇話』である。とにかく良寛は逸話の多い人物である。日本人であれば子供のころに大抵良寛にまつわる逸話の一つや二つを聞いた経験があると言っても過言ではない。またその逸話の多くが良寛の無欲恬淡《てんたん》な性格を伝えると同時に、良寛が晩年暮らした越後の住民たちにいかに慕われ、愛され、敬われたかを伝えて余すところがない。良寛をめぐる逸話のいくつかを知るだけでも彼の人生と人格の一端に触れ、心洗われる思いがする。

その良寛の逸話を伝える『良寛禅師奇話』を残した解良栄重という人物は代々越後村上藩の庄屋役を務めた解良家の十三代目に当たる人物である。父親の解良叔問《しゅくもん》は明和二年（一七六五）に生まれた良寛の同時代人で、寛政八年から文政二年まで庄屋役を務め、良寛研究所所長の加藤僖一は、「温厚篤実な性格で、部落民から慈父のごとく敬愛された。また、学問、和歌を好み、太田芝山、林国雄・林甕雄《みかお》、加藤千蔭、大村光枝らを招いて教えを受けた。良寛と解良家との関係はきわめて親密で、多くの書簡がその実情をよく物語っている」と記している。栄重はこの叔問の息子で、父親と同様、良寛と親しく交わるとともに、良寛を庇護し、物心両面にわたる援助を惜しまなかった人物である。その著書『良寛禅師奇話』はきわめて簡略な記録ではあるが、良寛の奇行に直に接した人の記録だけにもっとも信用され、良寛研究の根本史料となっている。

　そこにはどんな逸話が紹介されているのか。良寛の人柄、奇行、奇癖を表すいくつかを取り上げてみよう。

　まず取り上げなければならないのは、良寛がそこに存在するだけで、周囲の人々の気持ちを和《なご》ませ、癒し、何とも言えぬ温もりを人々の心に残したことである。

　良寛が解良家を訪れ、二日間、泊まったことがあった。その間、年齢を問わず、家中の者が誰言うともなく親しみを増し、和やかな空気が家中を満たした。良寛が帰ってから後も、数日の間、家族のものは和やかなまま過ごした。良寛と一晩語り合うと、心の中が洗われたような気がした。良寛はこれといって仏教の教えを説いたり、それ以外の書物について語ったり、善行を勧めるようなことはしない。台所に行って火をおこし、座敷で座禅を組んだりする。詩文や道義を話題にすることはないが、悠々として迫らず、言葉で表すことが出来ない。だがいつのまにか良寛の徳に感化されてしまう。

また、良寛の声は明るくほがらかだった。その読経の声は心に染み入るようだった。その声を聞いているといつの間にか信仰心がかきたてられた。

さらに、姿かたちは神々しさに満ちて輝いている。体は神仙のようで、背は高くすっきりと痩せて、鼻筋が通り、鳳凰のような眼は温かいが厳しく、気取りや飾り気はまったくなかった。余計なものは一切必要とせず、豪華な美しさなどとは無縁だった。そして栄重は「思い出の中の良寛に匹敵する人物はどこにも見当たらない」と語っている。

『正法眼蔵』の「弁道話」には「参見知識のはじめより、さらに焼香・礼拝・念仏・修懺《しゅうさん》・看経《かんきん》をもちゐず、ただし打座して心身脱落することをえよ」とあるが、良寛はこの道元の教えを実践していたのであろう。海軍兵学校を出たが間もなく終戦を迎え、曹洞宗の僧となった板橋興宗は、『良寛さんと道元禅師』の中で、「何といっても、座禅は心身脱落の大悟に至る単刀直入の道である」と自分の体験を語っているが、良寛がいつも座禅をしていたことが栄重のこの記述からも分かる。

良寛の不思議な人徳を語ったこうした話は、良寛が人の心を穏やかに、和やかにしてしまう、超能力の持ち主であったと解することさえ出来る。新宗教の教祖になってもおかしくない人物だったと言えるだろう。しかし良寛には教祖的人物になろうなどという気持ちは微塵もなかったし、周囲の人々も良寛を敬愛したであろうが、尊崇するようなことはなかった。また、そのころ良寛の存在は越後の出雲崎周辺の人々に知られるだけだった。良寛教とか良寛派といったようなものが生まれることはあり得なかった。良寛自身、自分が曹洞宗の僧侶であるにもかかわらず、人目を気にせず、日蓮宗の信徒の家で経をあげることがあった。良寛にとっては釈迦や道元の心に「派（セクト）」などというものは存在しないと考えていたに違いない。しかし、良寛の死後二百年近くたった現在、良寛を敬愛し、その詩歌や書を通して良寛に親しむ人々は驚くべき数に達し、小さな教団を凌ぐほどの数が存在するのではないだろうか。

無欲の乞食僧

良寛がこのような力を持っていた理由は何と言っても金銭や地位、名誉といったものにまったく関心がなく無欲そのものだったからであろう。それも意識して無欲になろうとしたのではなく、天性の資質として無欲だったのである。良寛が修行した玉島円通寺は曹洞宗の名刹で高僧を輩出し、永平寺ととりわけ縁が深く、良寛の兄弟子玄透即中は永平寺の五十世になっている。もし良寛が玄透即中に従順であれば、僧としての栄達の道はいくらでも開けたであろう。しかし良寛は、幕府の権威をかさに着て、宗門改革に乗り出すことに反対し、玄透と対立、円通寺を追い出されたのではないかという説がある（北川省一『良寛』第13号）。そこで曹洞宗の寺で修行を重ねたにもかかわらず、晩年は宗門に寄り付かなくなってしまった理由が分かる。良寛は道元を導きの糸としつつ、同時代の僧侶や宗門の世俗化、堕落の徹底した批判者だった。

良寛は文字通りの乞食僧として故郷に戻った。とにかく良寛は無欲だった。

ある時、多くの人が金を拾うのはとても楽しいものだ、と言うのを聞いた。そこで、自分の持っていた金を捨て、自分で拾ってみたが少しも楽しくも嬉しくもない。人が自分をからかって欺いたのではないかと疑ったが、何度か金を捨てているうちにとうとう捨てた金がどこに行ったか分からなくなってしまった。良寛は必死になって金を探し回り、ようやく捨てた金を見つけて拾うことが出来た。そこで初めて金を拾うことは楽しいと思い、人は自分を騙さなかったと納得した。

また良寛は時に賭け碁を愉しんだが、多くの相手がその時は勝ちを良寛に譲った。良寛は喜んで、金がたくさんたまってどうしようもない、人は金がないと言って心を労するが、自分は金がありすぎて悩む、と語った。

しかし、人の世の常で、周囲の人々に慕われ、愛される良寛を妬む人物も存在した。その一人に智海という名のいささか精神に変調を来した僧侶がいた。栄重は「驕慢コリテ狂ヲ発ス」と記している。彼は常々、自分は衆生のために宗派を開くと高言し、自分を昔の高僧に擬し、同時代の僧侶をバカにしきっていた。ある初夏の日、この智海が田植えを終え、大酒を飲んで泥だらけの姿で解良家にやって来て、ちょうどそこに居た良寛と鉢合わせした。泥酔していた智海は日頃の妬みと怒りを爆発させ、濡れた帯で良寛を出会い頭に打とうとした。良寛は何が何やら分からなかったが、なすがままにさせた。周囲にいた人々が驚いて智海を押さえつけ、良寛を別室に連れて行き、智海を追い出した。その日の夕方、雨がしきりに降りだした。良寛はその雨脚を見つめ、ゆったりとした口調で「先ほどの僧は雨具を持っていただろうか」と口にして、他のことは一切口にしなかった。

さらにある時、良寛の住む国上山の五合庵に泥棒が入った。泥棒はあたりを物色したが盗む価値のあるものなど何もない。そこで良寛が寝ている蒲団を盗もうとして引っ張った。良寛は眠っていて気が付かないふりをして、自分から体を動かして泥棒に蒲団を盗ませてやった。この時良寛は次の一句を詠んだ。

盗人に取り残されし窓の月

また次のような漢詩を読んでいる。

賊に逢う

禅版《ぜんぱん》（座禅用の板）蒲団《ほとん》　把《と》り将《も》ちさる　　禅版蒲団把将去
賊　草堂を打す　たれかあえて禁《とど》めん。　　賊打草堂誰敢禁
終宵　孤坐す　幽窓の下　　終宵孤坐幽窓下
疎雨　蕭々たり　苦竹の林　　疎雨蕭々苦竹林

（私の庵に入った泥棒が座禅に使う板と蒲団を盗んで逃げて行ったが、取り押さえることなど出来ない。泥棒が去った後、一人淋しい窓の下に夜通し座っていると、小雨がしとしとと竹藪に降り続いている。）

まさに奇人でなければ出来ないことだろう。こういうところを読んでいると、私は思わず良寛とキリストの共通性を感じてしまうのである。イエスは「マタイによる福音書」の中で言っている、「あなたを訴えて下着を取ろうとする者には上着も取らせなさい」と。

しかし、金銭について良寛がいい加減であったわけではない。その価値を十分に知っていた。次の話がそのことを証している。

正貞という医者がある時良寛に「自分は金が欲しいがどうしたら金を儲けることが出来るか」と尋ねた。良寛は一生懸命仕事に励めと答えた。

まさに正論である。良寛は正邪、善悪を判断し、見抜く常識は十分持ち合わせていたのである。世間の裏表も、人間の裏表も知ってはいたが、そのことによって心が汚れ、目が曇るということがなかっただけである。

他人から見れば奇行と思える行動が、良寛にとっては自分の心に素直で自然な行動であったのである。

無垢な心

ある日、良寛は長岡の与板という地にある山田某と呼ばれる家に泊まった。その家の床の間に絵が掛かっていて、そこには獣の形が描かれていた。この絵を良寛はとても気に入ってしまった。そこで誰も人のいない時に、その絵を見ながら自分も絵に描かれている獣と同じ格好をしてみた。ところがその家の主婦がその姿をそっと見ていた。良寛は私が何をしたか、あなたは見ていましたか、と主婦に尋ねた。主婦は、良寛さまは絵に描かれていた獣の姿を真似されていましたと答えた。良寛は驚き、あなたはとても利口な人だ。しかし、私が絵の中の獣の真似をしていたことを人には言わないほうがよい。なぜなら、下男や女中が、良寛さまは頭がおかしくなったと心配するだろうから、と応じた。

自分が本当に気に入った絵にとことんのめり込んでしまう良寛の姿には、子供の心と同じように無垢な心が宿っていると言えよう。良寛の歌や詩や書が人の心をひきつけてやまないのは、そこにこの場におけると同じような無垢な心が宿っているからだろう。

次の逸話もまた良寛の無垢な心を語るものであると言っていい。

夏になると国上村では、夜通し踊る風習があった。村人全員が狂ったように一夜を踊り明かすのである。良寛はこの風習をとても好み、頭を手拭いで包み、女性の恰好をして、村人たちと一緒に踊り狂った。村人たちは良寛が女性の恰好をしていることを知っていながら、わざとすぐ傍に行き良寛に聞こえるように、「この娘はとても品の良い娘だが、どこの家の娘だろう」と大きな声で言った。良寛はこの声を聞いてとても喜び、その後、村人に向かって誇らしげに、「私が踊っている姿を見てあれはどこの娘だろうと言っている人がいた」と語った。ちなみに、良寛は自分が踊った歌も何首か作っているが、そのうちの三首を紹介しておこう。

いざ歌へわれ立ち舞はむひさかたの今宵の月にいねらるべしや
月はよし風は清けしいざ共に踊り明かさむ老の思ひ出に
もろともに踊り明かしぬ秋の夜を身に病疾《いたづき》のゐるも知らずて

老齢になっても、身は病いに侵されてもこんな明るい月夜には、大好きな踊りを踊らずにはいられない、まるで子供のように無垢な良寛の心が表現されていると言っていいだろう。

良寛は人をそしったり褒めたりすることはほとんどしなかったが、時には辛辣な言葉を口にした。ある庄屋が大きくて豪華な家を新築した時のことである。心が愚かになると分別を失う、と批判した。

分不相応な所有欲や金銭欲を良寛が嫌っていたことがよく分かる。このことに関しては次のような逸話も存在する。

良寛は自分の身近な持ち物である笠や托鉢用の鉢などをよくいろいろな場所に置き忘れた。そこで自分の持ち物に「おれがの（じぶんのもの）」「ほんにおれがの（本当に自分のもの）」と書き記しておいた。ある時新潟に住む玉木勝良から、書の名人として名高い小野道風の筆になるといわれる『秋萩帖』を借りたが、その本の裏表紙にも「おれがの」と書き記しておいた。本を返す段になって、本来の所有者の玉木から勝手に「おれがの」と署名したことを咎められた。良寛は「良寛と署名したのなら咎められてもしょうがないが、『おれがの』と書いたのだから自分が持っている間は自分のもの、あなたにお返ししたらあなたのもの、それで差し支えないではないか」と笑って答えた。

解良家にも良寛が「ほんにおれがの」と署名した鴨長明の『無名集』が残されているという。加藤僖一は『良寛禅師奇話』の解説に「良寛の手紙の中にはずいぶん多くの書物名が出てくるが、どれも借りる為のお願いか、返す時のお礼かである。読書好きで勉強家の良寛でありながら、ついに自分の蔵書は一冊もなく、すべて借りては読み、読んでは返している。無一物もよくここまで徹底したものである」と述べられている。マンションに住みながら蔵書のために書庫まで作り、居間にも寝室にも本が堆積している私のような人間は恥じ入るばかりである。

かつて慶応大学のイスラム学の研究者、井筒俊彦の著書を読んでいて、昔のイスラムの大学者は読んだ書物はすべて覚えてしまい、「近ごろの若い学者はだらしない。かたつむりのように本を担いで歩く」とバカにしていたことを知ったが、いずれの国においても優れた記憶力は無所有とつながるものだと感心した記憶がある。また私のことを言えば、年を取るに従い、本を読んでも読んだ傍から忘れてしまうようになった。若い時に買って読んだ本をその内容ではなく、読んだという行為そのものを忘れてしまい、新しく買ってしまうことが年に何度かある。また地下に充実した広い書庫のある家で暮らしたいという夢をいまだに捨てきれない。『良寛禅師奇話』を読むたびに自分を顧みては恥ずかしくなるが仕方がない。

良寛の暮らしは質素だったが、酒と煙草は適当に楽しんだようである。とりわけ、友人と金を出し合って酒を買い、お互いに差しつ差されつ飲むことを好んだようである。

良寛と神秘体験

最後に良寛にまつわる神秘体験に触れておかなければならないだろう。神秘体験について私は信じるが、まったく否定される人も多いし、私もその真贋を見極めることが難しいことは重々承知している。しかし、解良栄重が嘘偽りを書き留めたとはとても信じられない。

良寛がある宿場町の遊女のいる店の前を通り過ぎた時のことである。一人の遊女が良寛の袖を引き留めて涙を流した。当然のことながら、良寛は遊女がなぜ涙を流したのか分からない。その遊女は物心もつかないうちに遊女に売られ、生まれ故郷を離れ、父母の姿をまったく知らなかった。だからこそ父母への思いは人一倍痛切なものがあった。たまたま昨夜、夢を見て父親がやって来ることを知った。良寛を見て、てっきり父親と思いこんだ。

解良栄重はこの話を直接良寛から聞いたが、自分はまだ子供で、この話の意味が十分理解できなかったと記している。良寛がこの遊女にどう接したか、知りたい思いは募るが、知る術はない。

しかし、良寛が初めて会う遊女にどのように接したかは何となく分かるような気がする。良寛は遊女が一生父親への思いによって慰められ、心を癒されるように接したに違いない。ここでも私は聖書の「ルカによる福音書」の中の罪深い女に接したイエスの態度を思い出さざるを得ない。

ちなみに、良寛は遊女について次のような詩を残している。

燦々たり　倡家の女　　燦々倡家女
言笑　一になんぞ工《たくみ》なる　　言笑一何工
遅日に　相喚呼し　　遅日相喚呼
翱翔《こうしょう》す　緑水の東　　翱翔緑水東
高歌　人心をあらい　　高歌盪人心
顧歩　好容をてらう　　顧歩衒好容
歳暮　何の待つところぞ　　歳暮何所待
首を掻《か》いて凄風に立たん　　掻首立凄風

(眼にもまばゆい娼婦たち　言葉と笑顔で巧みに誘う　春の陽を浴び嫖客《ひょうかく》と声を交わし　緑河の東岸を流し歩いている　女たちの嬌声は男の心を惹き　流し目で歩き器量の良さを売り込む　年月はあっという間に過ぎ去り　歳をとれば寒風に首を掻きながら立つというのに)

良寛の死後にも神秘体験が存在する

良寛が死んで棺に納められて数日後、ある尼さんが訪ねてきて、悲しみに耐えられず、死者を一目見せてくれるように懇願した。周囲の人たちがやむを得ず棺を開けたところ、頭の骨が傾くこともなく、まるで生きているような姿だった。

聖人の体が死後も長い間、腐食しないままだったという話は東洋にも西洋にも数多い。

日本を代表する生理学者である杉晴夫は「たとえ限りなく目標に近づくことは出来るとしても、われわれの精神活動が物質レベルで完全に解き明かされる日は来ないであろうと思う」(『神経とシナプスの科学』)と述べ、アンリ・ベルクソンは「いかなる生物にもそのまま自動的に適用されるような、生物学上の普遍的な法則など存在しないのである」(『創造的進化』、真方敬道訳)と語っている。

良寛にまつわる神秘体験は『良寛禅師奇話』に記されている以外にも数多くあったに違いないと私は考えている。しかし、それがほとんど記録に残されなかったのは、「古来から、仏法に不思議なしという。その通りである。世にいうところの宗教なるものは、しばしば奇蹟を語り、神通を談ずる。そのなかにあって、仏教だけはそのようなことに心を奪われない」(増谷文雄全訳注『正法眼蔵』(三)「神通・開題」、講談社学術文庫、二〇〇四)という伝統があったからであろう。良寛の短歌や漢詩の中に「神通」、いわゆる超能力を示すような作品を探してみたが無駄だった。

しかし、『正法眼蔵』の「行持」には四祖大医禅師の次のような神秘体験が記されている。増谷文雄訳でそれを紹介する。

「唐の高宗の永徽二年（六五一）、閏九月四日のこと、四祖禅師は突然、門人を集め、誡めを説いていった。『すべてもろもろの存在は、みなことごとく迷いを脱している。汝らはそれぞれみずからの心をうちにひそめ、仏の教えを未来に伝えるがよい』いい了ると、安坐したまま亡くなった。寿は七十二歳であった。本山に埋葬したが、その翌年の四月八日、塔墓の戸がしぜんに開いたという。そのありようは人の生くるがごとくであった。それで門人たちも、あえてそれを閉じなかったという。よって知るがよい。すべてもろもろの存在は、ことごとくみな生滅の法にしたがう。もろもろの存在はただ空であるのみではない。存在が存在でないわけではない。みなことごとく生滅の法にしたがって存する存在である。いま四祖禅師においては、なお生ける時には、生ける時の行持があった。すでに死してからは、死せる時の行持があった。生きている者はかならず滅するものとのみ学ぶのは狭い見解である。また、すでに死せる者には何の知覚もないと考えるのも見識が狭いからである。仏道を学ぶものは、そのような小さな見解・見識になずんではならない。生ける者の滅してなお不滅なるものがあり、死せる者にもなお思うところがあってよいはずである。」

また、大谷哲夫は『道元「宝慶記」全訳注』（講談社学術文庫版）の解説で、「霊験を得んがために仏法を修すべからず」という『学道用心集』の言葉を引用した後、寛元五年（一二四七）正月十五日布薩説戒の時、五色の鮮やかな色の雲が方丈に現れたこと、翌宝治二年（一二四八）の四月から十一月中旬にかけて何とも言えぬ芳香が座禅堂内に漂ったこと、建長三年（一二五一）正月五日の子の刻（午前零時前後）、道元が花山院宰相入道と霊山院の庵室で法談をしていると、この二人だけに鐘の音が聞こえたことが『永平寺三箇霊瑞記』に記されており、宝治三年（一二四九）正月一日の羅漢供養の時、十六の木像・画像から瑞花放光があったことが『十六羅漢現瑞記』に記されている、と述べている。この四回の瑞祥出現については玉城康四郎も「道元思想の展望」の中で触れ、「ただひたすら第一義諦（根本心理）のみを打ち続けて来たと想像されているなかで、こうした瑞兆がつきまとっていることに深い関心がそそられる。それは人間の宿命的な業と、それを支えてやまない神秘性との、深淵をのぞきこむ思いに駆られるのである」と述べている。

こうした教えは生半可な思量で判断するとはなはだ危険である。ただ、高僧たちの神秘体験を一概に否定することは不可能だということだけは言っておきたい。良寛は「生者の滅なきもあるべし、滅者の有思覚なるもあるべきなり」を確実に実践していると思うからである。

二　生い立ちと少年時代

良寛の生家

良寛が生まれたのは宝暦八年（一七五八）十二月で、生まれた地は越後の国、現在の新潟県三島郡出雲崎町だった。日本海の波に洗われる越後海岸の中央に位置し、「ふんどし」の異名のある細長い港町で、北國街道の主要な宿場町だった。佐渡金山で発掘する金の陸揚げ地でもあり、越後地方の流通経済の中心地でもあった。また、多くの娼妓を抱える遊郭が軒を連ねる歓楽の町としても知られていた。唐木順三の『良寛』によれば、謄写刷り七十部の杉村英治の『亀田鵬斎』に引用されている『出雲崎妓楼鑑』には、「旗亭十二軒、娼妓三十八人、芸妓二十一人、隣村の尼瀬には旗亭五件、娼妓四人、芸妓五人が数えられる」と記されている。良寛の生まれた十二月には雪国の越後はもうすっかり冬で、毎日のように雪が降り積っていた。父の橘屋・山本以南は二十二歳、母の秀（子）は二十三歳、良寛は幼名を栄蔵と名付けられた。

父の以南は出雲崎の代々続く名主である橘屋の当主で、もともとは与板の新木与五右衛門の次男で重内と名乗っていたが、宝暦五年（一七五五）に橘屋に養子として迎え入れられ、橘新之助（号・山本以南）の名跡を継いだ。この時十九歳であった。橘屋は北越きっての名家と言われ、出雲崎は七万石の天領の代官所であり、名主とはいえその差配する石高は大名格で、近隣の名主仲間でも別格扱いをされていた。佐渡から船で運ばれた金銀箱を国境まで運ぶ任務を請け負い、村上・村松・長岡・与板・三根山・黒河の諸藩を超える石高で、高田藩、新発田藩に次ぐ大大名と呼んでもおかしくないほどの石高を差配していた。（三輪健司『人間良寛』引用の「日本地図選集、文化・天保国郡全図並大名武鑑、人文社蔵版」による。）

妻となった秀は再婚で、一度は桂新次郎（誉章）と結婚しており、以南より年上の二十一歳だった。そのせいで、良寛の実父は桂新次郎で、良寛は秀の連れ子だとする田中圭一等の説（『新潟県の歴史』、山川出版社、二〇〇九）があるが、高橋庄次はその事実はないと否定している。当時の日本では家系というものがいまでは考えられないほど重視され、男の子のいない家が妾腹の子や縁戚関係にある家の男の子を養子に迎えることはごく一般的なことだったから、こうした説が生まれることは無理もない。秀も佐渡相川の橘屋分家、山本庄兵衛の娘で、出雲崎の橘屋本家の養女になっていたことが最近の研究で明らかにされている（高橋庄次『良寛伝記考説』、春秋社、一九九八）。桂新次郎は、新津にある桂家の妾腹の子であったために橘屋に養子に出され、秀と結婚させられたが、桂家の嫡子が諸国の社寺を遍歴する行脚僧、六部《りくぶ》になって家を出奔してしまい、家督相続のために急遽桂家に呼び戻され、四代桂六郎左衛門誉章となったために秀との離別を余儀なくされたのである。こうした経過をたどっていると私のような頭の雑な人間はばかばかしくなってしまい、「家の存続より人間同士の関係の方が大事だろう」と思ってしまうが、これはあくまで近代以降の考え方で、江戸時代にあっては家の存続は何にもまして大事にされたのである。長男が家を捨てるということはいまからでは考えられないほど重大なことで、後の良寛の出家を考える際にも重視する必要があると思う。

しかし、諸家の考証に目を通した結果、良寛は山本以南とその妻秀との間に生まれた長男に間違いないと私は考えている。ちなみに母秀の名前も秀とのぶの二つが伝えられていたが、『佐渡国略記』の中に田中圭一によって「のぶ」という名が発見されるまで「山本家家譜」の記述に従って「秀子」であるとされていた。冨沢信明は、良寛の母の名前は、佐渡時代はのぶ、山本家に嫁いでからは秀と改めたと説いている。これは橘屋の菩提寺である出雲崎円明院過去帳に記されている「樹林院法音蓮秀大姉」という戒名に「秀」の一字が入っていることを見ても、私には、もっとも説得力のある説である。秀は良妻賢母であると同時に歌の嗜《たしな》みもあり、吉川彰準は「大忍国仙和尚と良寛」（宮栄二編『良寛研究論集』）の中で、秀の作った歌二首を紹介している。

風吹けば露も落ちなむ草枕結びも果てぬ夜良の月かも（扇面の遺墨）

わくらばに待ち得てあひし甲斐もなくまたわけゆくか越路への道（短冊）

また、良寛には次弟の新左衛門・泰儀（俳号・由之《ゆうし》）、三男宥澄《ゆうちょう》（円明院住職）、四男香（謹学館学頭・号澹斎《たんさい》）の三人の弟と、むら、たか、みか（浄玄寺・智現に嫁す）の三人の妹がいた。

弟妹の履歴を見ても山本家が宗教や学芸に縁の深い旧家であったことは明らかだが、その家系は七、八百年前にさかのぼることが出来る。後醍醐天皇の正中年間、忠臣日野資朝が佐渡に配流される途中に山本家に泊まり、庭先の橘を目にして「忘るなよほどは波路をへだつともかはらず匂へ宿のたちばな」と詠んだ短冊が山本家に伝えられ、間違いなく資朝の筆跡であることが日野家によって保証されている。代々名主を務め、出雲大神を祀る石井神社の神職を兼ね、遠祖は、真偽のほどは定かではないが、奈良朝の橘諸兄にまでさかのぼると伝えられる。

以南と号した父は尾張の俳人、久村暁台《くむらきょうたい》をはじめ多くの俳人と交友を結び、松尾芭蕉の流れを汲む出雲崎近辺では名の通った俳人だった。その作品を五句引用しておく。

燎《かがりび》のかげほのぐらしさくらばな

星ひとつ流れて寒しうみのうへ

せせらぎの分け行くばかりけさの雪

朝霧に一段ひくし合歓の花

ほととぎす見果てぬ夢のあと告げよ

幕末の越後と良寛の父母

こうした文人肌の一面を持つとともに以南は強い社会的関心の持ち主でもあった。

幕末の越後の人物と言えば司馬遼太郎の作品『峠』の主人公、長岡藩の河井継之助がきわだって有名だが、十八世紀の新潟には近郷の若者たちに尊王を説いた竹内式部がいた。式部は徳川幕府を、正統な政権である朝廷の地位を奪った簒奪者と考える、過激な尊王思想の持ち主であったが、その思想は元禄年間にすでに尊王思想を唱え、『靖献遺言』を著した浅見絅斎《けいさい》の強い影響を受けていた。絅斎は、『離騒』の屈原、『出師表』の諸葛孔明といった「先王の絶対的遺訓」を、身命を賭して守った中国の遺臣たちに心酔し、「仰ぎて君となすのは、独り天子あるのみ。天子を置きて節を侯伯に屈するは、臣子たるものの徳に悖《もと》るものなり」(『靖献遺言』)と唱え、明治維新の先駆けとなった人物である。吉田松陰はこの書を野山獄で読み耽り、「傍らに人無きがごとし」であったと伝えられる。

また一方で越後は佐渡の鉱山開発の測量術の必要があって、京都・大阪と並んで和算発祥の地の一つとして知られる。十七世紀から十八世紀にかけて、とくに新潟から相川に移住した百川治兵衛の始めた算学が盛んで、微分積分の研究が進み、世界的水準を凌駕するものがあった。「享和三年(一八〇三)、新発田藩士の山本方剛が新潟町の白山神社に奉納した算額は『三角形の中の三本の斜線に囲まれた四円の直径の和が全円の直径の二倍になる』という幾何学的関係の発見を記したもので、この発見は世界でもっとも早いものとされている」と田中圭一らの『新潟県の歴史』は記している。

この分野で頭角を現したのが本多利明で、幕府の鎖国政策を批判し、日本がロシアの南下策の対象であることに早くから警鐘を鳴らし、西洋近代合理主義の日本への導入者であった。

良寛の父、以南は前者、竹内式部の思想に深く影響され、家督を次男の由之に譲って後、尊王の志を実現するために上洛、同志の間を奔走し、慷慨《こうがい》の書『天真録』を編んだが、志半ばで桂川に入水し、自ら命を絶ったと伝えられるが、この件については後に述べるが諸説ある。

良寛は父以南の文人気質と慷慨の士という二つの相反する面のうち、文人気質の面を強く受け継いだと言えるだろう。

母の秀は、西郡久吾『北越偉人　沙門良寛全伝』（一九七〇年復刻版）によれば、良妻賢母の誉れ高く、家庭内をよくまとめ、夫には家庭のことで心配をかけることなく、子女の教育に心を尽くし、内助の功多く、家運興隆を招いた女性であった。しかし、良寛の生まれたころ、橘屋の家運は傾きかけていたから「家運興隆を招いた」は割引して考える必要があるだろう。さらに、『全伝』の「あとがき」の冒頭には、高橋茂という人物が、良寛がある人に、「道というものはどういうものですかと問われ、母が身籠ると母乳が出るようなものだと答えた」と記している。

良寛の母への思いは何よりも「道というものは母が身籠ると母乳が出るようなものだ」という

この言葉によく表されていると私は考える。また、母性こそ道の始原であるとする何とも味わい深く含蓄のある言葉であると思う。ちなみに、良寛は後年、母を偲ぶ歌を詠んでいるがそれをここに挙げておく。

足ちねの母がみ国と朝夕に佐渡が島べをうち見つるかな
足ちねの母のかたみと朝夕に佐渡の島根をうち見つるかな
古《いにしえ》にかはらぬものは有磯《ありそ》海と向に見ゆる佐渡が島なり
天も水もひとつに見ゆる海の上に浮かび出でたる佐渡が島山

先にも記したように、橘屋は回船問屋として昔から栄え、石井神社の神職を兼ねる出雲崎きっての名家であり、江戸期に入ると、佐渡の金銀の江戸への北國街道を通じての搬送を一手に引き受ける大商人となった。しかし、文人肌で熱血漢の以南は商人として多くの利害を調整し、采配を振るう仕事にはまったく不向きで、良寛の生まれたころから家運は傾き始めていた。また、新たに登場した尼瀬の名主で政治的手腕に長けた京屋・野口家に得意先を奪われ始めていた。代官所も岩礁の多い出雲崎より地の利のある尼瀬に移されてしまい、橘屋の商売は細る一方だった。文人肌で直情径行の以南は、商売のうまく行かない鬱憤を酒と俳諧で晴らすようになり、家業を徐々に顧みなくなって行った。

こうした環境の中で栄蔵は、馬鹿正直で口数が少なく、あっさりとして欲がなく、友人たちと遊ぶより読書を好む少年に育って行った。きちんとした服装で人に接することもせず、周囲の人々からは「名主の昼行燈」と呼ばれ、両親を心配させた。

七歳か八歳のころ、父に叱られた時、上目遣いで父の顔を見上げたために「父母を睨むものは鰈《かれい》になるぞ」と父に言われ、そのまま家を飛び出し、日が暮れても家に戻らなかった。家人をはじめ周囲の人々が心当たりの場所を探してみたが、どこにも姿が見当たらなかった。海にでも行っているのではないかという者があり、一同で海岸へ向かった。すると、栄蔵が波打ち際にある岩の上に、しょんぼりとした姿で佇み、ひたすら海を眺めていた。栄蔵を見つけた人々は安堵し、「そんなところでこんなに遅くまで何をしているのか」と叱った。すると栄蔵は「俺はまだ鰈になっていないかい」と返事をしたという。この逸話は良寛の少年時代を語る時、必ず持ち出されるが、それだけ少年時代の良寛の性格をよく表しているからだろう。また当時の越後には、「鰈かわいや、背中に目鼻　親をにらんだ　そのばちだ」という子守歌があった。

大森子陽の三峰館

一方で、このころ、栄蔵は地元の私塾「三峰館」に入塾している。

当時の越後には官学である朱子学を教える藩校が長岡の崇徳館をはじめ各地に合わせて十一校あり、こうした藩校は主に各藩の家臣の子弟が入学したが、足軽身分のものは入学させないなどの制約があった。しかし、新発田藩の八代藩主溝口直養《みぞぐちなおやす》によって設立された藩校「道学堂」のように門戸を広く庶民の子弟にも開く藩校も出現し始めた。それと同時に藩の領域も身分も超えて広く門戸を向学の士に解放する私塾の創設が相次ぎ、豪農、豪商の子弟の教育の場となり、新しい学問研究を担う場所に成長して行った。

栄蔵の入塾した私塾「三峰館」もこうした私塾の一つだった。

栄蔵は家を離れ、父の実家新木家の親類筋に当たる地蔵堂の中村久右衛門家に下宿して三峰館に通った。その後、地蔵堂の大庄屋富取家に寄宿先を変えたが、その経緯は分からない。

三峰館は、米沢藩の中興の祖として知られる上杉鷹山のような名君に仕官することを望む儒者、大森子陽によって明和七年（一七七〇）に設立された私塾だった。子陽は北越の四大儒者の一人として名高く、江戸遊学中、徂徠学の師であった細井平洲のつてを頼って米沢侯に仕官することを望んでいた。子陽の向学心と秀才ぶりは師友の誰もが認めるところだったが、平洲が子陽の直情径行の性格に危惧を抱いたため、その夢は実現するに至らなかった。しかし、子陽は仕官の望みを絶たれた憂悶を児童の教育への情熱に転化させ、優れた教育者となった。また子陽は少年時代に、良寛の縁戚であり寄宿先でもあった中村久右衛門とともに、白根茨曽根《いばらそね》の永安寺の大舟和尚の下で、禅の修行をしていた。子陽の老父を伴った江戸遊学の間、三峰館は一時閉鎖されたが、明和八年にこの塾で栄蔵は中村要蔵、富取良助、原田有則（のち、鵲斎《じゃくさい》を号とする）らの友人を得るとともに、四書五経を始め『文選』、『古文真宝』、『唐詩選』などの教養を身に着けた。良寛研究家はすべて良寛の詩人としての基本はこの十三歳から十八歳までの三峰館学習期に築かれたと推測している。また、子陽は栄蔵に勉学だけを教えたのではなく、栄蔵への人格的感化も大きかったと考えられる。後に良寛となった栄蔵は子陽を慕い、敬愛した少年時代を思い出し、子陽に手向けた次のような漢詩「子陽先生の墓を弔《とぶら》う」を詠んでいる。

古墓　荒岡の側《かたわら》
年々　愁艸《しゅうそう》生ず
灑掃《さいそう》　人の侍する無く
たまたま　蒭蕘《すうじょう》の行くを見る
憶う　昔　総角《そうかく》の歳
従い遊ぶ　狭川の傍《ほとり》
一朝　分飛してのち
消息　ふたりながら茫々たり
帰り来たれば　異物となる
なにをもってか　精霊に対せん
われ　一掬の水を灑《そそ》ぎ
いささか　もって先生を弔う

古墓荒岡側
年々愁艸生
灑掃無人侍
適見蒭蕘行
憶昔総角歳
従遊狭水傍
一朝分飛後
消息両茫々
帰来為異物
何以対精霊
我灑一掬水
聊以弔先生

郵便はがき

料金受取人払郵便

102-8790

麹町支店承認

8043

差出有効期間
平成30年12月
9日まで

切手を貼らずに
お出しください

102

［受取人］
東京都千代田区
飯田橋2—7—4
株式会社作品社
営業部読者係　行

【書籍ご購入お申し込み欄】

お問い合わせ　作品社営業部
TEL 03(3262)9753／FAX 03(3262)9757

小社へ直接ご注文の場合は、このはがきでお申し込み下さい。宅急便でご自宅までお届けいたします。送料は冊数に関係なく300円（ただしご購入の金額が1500円以上の場合は無料）、手数料は一律230円です。お申し込みから一週間前後で宅配いたします。書籍代金（税込）、送料、手数料は、お届け時にお支払い下さい。

書名	定価　　円	冊
書名	定価　　円	冊
書名	定価　　円	冊
お名前　　TEL（　　）		
ご住所　〒		

フリガナ
お名前
男・女　　　　歳

ご住所
〒

Eメール
アドレス

ご職業

ご購入図書名

●本書をお求めになった書店名

●ご購読の新聞・雑誌名

●本書を何でお知りになりましたか。
イ　店頭で
ロ　友人・知人の推薦
ハ　広告をみて（　　　　　　）
ニ　書評・紹介記事をみて（　　　　　　）
ホ　その他（　　　　　　）

●本書についてのご感想をお聞かせください。

ご購入ありがとうございました。このカードによる皆様のご意見は、今後の出版の貴重な資料として生かしていきたいと存じます。また、ご記入いただいたご住所、Eメールアドレスに、小社の出版物のご案内をさしあげることがあります。上記以外の目的で、お客様の個人情報を使用することはありません。

白日　たちまち西に沈み　　白日忽西沈
山野　ただ　松風のみ　　山野只松風
徘徊して　去るに忍びず　　徘徊不忍去
涕涙《ているい》　一に裳《もすそ》を沾《うるお》す　　涕涙一沾裳
（古い墓が荒れ果てた岡の隅に佇む　歳を経るままに雑草が生い茂り　掃除する番人もおらず　たまに農夫や木こりが行き過ぎる　思い出せば少年のころ　狭川の辺に遊学した　ある朝先生と別れて以来　お互いに消息を知らなかった　戻ってくると先生はあの世の人になっていた　どうやって先生の霊に向かえばよいのか　一掬いの水を墓石に注ぎ　いささか先生を弔った　陽はあっという間に西に傾き　山野には松風が吹き過ぎるだけだ　あたりを歩きまわり去り難く　涙が着物の裾を濡らす）

子陽先生への良寛の思いが測測と伝わってくる詩である。

さらに、松沢佐五重の「大森子陽とその周辺」（宮栄二編『良寛研究論集』）によると、先にも触れたように子陽は幼少期に現白根市にある曹洞宗永安寺の大舟和尚について学んだとある。大舟和尚は古岸または弥彦とも号した名僧であり、北越の仏教界では広く知られ、詩文にも造詣が深かったと、松沢は述べている。子陽は江戸ではもっぱら徂徠学を学んでいるが、幼少期には曹洞宗の和尚を師としたのである。当然のことながら道元の『正法眼蔵』も学んだと考えられる。三峰館でも道元や禅宗について話したことは必然であろう。良寛が禅に興味を抱き、出家を志したのにはもっとも感受性に富む思春期に教えを受けた、この三峰館での子陽の影響があったことは間違いないと言っていい。この詩には自分に道元を初めて手引きしてくれた子陽への思いが溢れている。良寛の出家については多くの人がいろいろの説を述べているが、良寛がなぜ禅、それも道元に関心を抱いたのか触れている文献は少ない。松沢佐五重の論文によって、子陽の最初の師が曹洞宗の名僧であったことを知り、私は子陽によって良寛が道元や座禅に導かれたと確信するに至った。また、宝暦から明和にかけて、大舟はしばしば地蔵堂の地を訪れ、中村家の詩会に出席している。

名主見習いから出家へ

だが、栄蔵は勉学に励むと同時に花柳の町にも出入りし、派手に遊んだようである。地蔵堂の町には「橘屋の太郎坊が帰ってきたそうだ、娘たちに用心させろ」という噂が流れたほどのプレイボーイだったという。また、栗田勇はこの時、色町の遊女との間に愛欲の深淵をのぞき、人生の裏を知ったと推測しているが（『良寛』、春秋社、二〇〇五）、どちらも真偽のほどは定かではない。栗田勇は西郡久吾編述の『北越偉人沙門良寛全伝』の第三章「良寛出家の動機並逸事」の中の「一度は婦人を迎へしが、半歳ならずして恩愛を棄てて無為に入れり」にも注目して、栄蔵が近隣の村の娘と一度結婚したが、その嫁の親戚のところに父の以南が金を無心して歩いたために、嫁が実家に連れ戻されたことが家出の原因ではないかと推測している。相馬御風の『大愚良寛』には

「あの名主の昼行燈息子は、女に嫌はれて坊主になったのだ」という記述がある。この件が事実であることを、平成十八年に、冨沢信明が良寛の生家、出雲崎の山本家の良寛死後三十五年に当たる慶応二年に作成された「山本氏近世歴代家譜」を精査した結果、良寛には「釋尼妙歓」という戒名の妻がいたことを明らかにした（「読売新聞」二〇〇六年九月十七日）。冨沢は、良寛は地区の行政に関係した「名主見習い」であったから、妻帯していたと考えるのが常識であったと述べている。また、山本家では戒名に「院」を付けていたので、この女性が良寛の出家以前に離婚していたことが明らかであると述べている。また、冨沢説よりはるか以前に伊丹末雄によって良寛が茨曾根の永安寺のすぐ近くにある大庄屋、関根小左衛門家の娘と結婚していたことが『良寛　寂寥の人』の中で詳細に述べられている。この点については異論もあるので、この章の最後で詳しく触れたい。

　しかし、栄蔵は十八歳の時にこの三峰館を退学せざるを得なかった。父以南の意向によって名主見習いを実習するためだった。だが栄蔵のような性格の人物に名主役がそつなく務まるわけがなかった。裏表がなく真っ正直な人間が駆け引きを要する利害の調停を上手にまとめることなどおよそ無理なことだった。

　たとえば、代官と漁師たちの間にもめごとが起こったことがあった。その時栄蔵は漁師たちから代官への批判を聴くとそれをそのまま代官に告げ、それを聞いた代官が漁師たちを罵倒すると今度はそれをそのまま漁師たちに告げた。両者の利害・対立を調停するどころか、火に油を注ぐように両者の対立を煽り立ててしまったのである。代官はひどく腹を立てて栄蔵をなじったが、「人間は正直が第一ですから、私は両者の言い分をそのまま双方に正直に伝えただけです。どこか落ち度があるでしょうか？」と応じたという。代官も漁師たちも最後には腹を立てるよりあきれ果ててしまい、この男にはとても名主役は務まらないと思ったことだろう。

また、名主見習いになって半年後の七月、新任の佐渡奉行依田十郎兵衛が佐渡に渡る前に、数日間、橘屋に投宿した。父の以南は慣例通り、連日奉行主従を酒楼に案内し接待に勤めた。依田十郎兵衛は毎晩、酔いつぶれるまで酒を飲んだ。ある波の穏やかな日に、いよいよ奉行一行は船で佐渡へ渡ることになった。ところが奉行の乗る駕籠の轅《ながえ》が長すぎて、船に積むことが出来なかった。船頭に相談された栄蔵は、駕籠の轅の両端を適当な長さに切り揃えればよいと指示した。指示通り、船頭は轅の両端を切り落として短くして船に乗せた。ところが、その事実を知った奉行の部下の同心の一人が烈火のごとく怒って栄蔵を船着き場に呼び寄せて「四人舁きの轅をこんなに短くしてしまったのはお前か」と問い詰めた。栄蔵がうなだれ黙している間に、母の秀が奉行にそれとなく賄賂を渡し、その場を収めた。小木に渡ってから奉行が乗る四人舁きの駕籠も秀が手配した。こうして事なきを得たが栄蔵の名主見習いとしての評判は完全に地に墜ちた。

父親の以南も以南で代官を怒らせてしまった。

安永四年（一七七五）、地蔵堂町の大庄屋で栄蔵の三峰館での親友、富取之則の叔父・長兵衛が出雲崎の町年寄、敦賀屋こと鳥井家に婿入りした。栄蔵が名主見習い役を始めたころである。長兵衛は慣れぬ仕事に戸惑うことも多かったが熱心に町年寄の仕事に取り組んだ。名主は町年寄より身分が上であるから、町年寄を指導・監督する任に当たった。ある七夕の節句に長兵衛は町年寄役として代官所の玄関で、刀を差し、羽織袴を着た姿で堂々と祝儀の挨拶を述べた。栄蔵は父以南とともにこの場に立ち会っていた。その後、以南は長兵衛を呼びつけ、刀を差して祝儀を述べた態度を激しく叱責した。名主の権威を町年寄に見せつけるためである。その上、長兵衛が代官所に出入りすることまで禁じてしまった。当然、長兵衛は納得せず、代官所に出掛け、是非を仰いだ。代官所は話し合いでことを収めようとしたが、以南は納得せず、結局、代官所は以南を説諭処分にした。名主の権威が丸つぶれで、事件の現場を目撃していた栄蔵は父の態度に居たたまれない思いをしていただろう。子も子なら親も親である。名主である橘屋が衰退するのは必然であった。

さらに名主は尼瀬にある獄門場で、犯罪者たちの斬首に立ち会う役目を負わされていた。斬首された囚人の死体は近くに埋葬された。栄蔵は犯罪者の斬首が行われるたびに、名主の責任を果たすために立ち会わなければならなかった。紀野一義は、栄蔵の幼馴染の一人が無実の罪を負ってここで処刑されたと記している（『良寛さまを旅する』、清流出版、一九九九）。そして、栄蔵はこの事件がきっかけになって出家したと説く。

とにかく様々な事情が重なって栄蔵が家を出たことは間違いない。

ちなみにウィリアム・ジェイムズは自分の個人的体験に鑑みて『宗教的経験の諸相』の中で、

「宗教は、合理的あるいは論理的に他の何ものからも演繹できない魅力を人生に添えるものである。……外部の戦いに敗れて、外面の世界が彼を否定するとき、宗教的感情は、さもなければ不毛の荒野となりかねない内面の世界を救い出して、これを蘇らせてくれるのである」（桝田啓三郎訳）と述べている。

どこで剃髪したか

西郡久吾、相馬御風、秋月龍珉、北川省一、谷川敏朗、加藤僖一はじめ多くの良寛研究家は、栄蔵が家出してそのまま近くの曹洞宗の寺である尼瀬の光照寺に行き、頭を剃り、羽了和尚について得度式を挙げ出家し、良寛の名を得たと述べている。

しかし、この通説を完全に裏付ける資料は存在せず、光照寺にも栄蔵の得度に関する文書の類は残されていないという。また、当時は受戒に際し、二十歳に満たない者、父母の許可がない者は「遮難《しゃなん》」と呼ばれ、受戒の資格を得ることが出来なかった。さらにこの寺で四年間にわたって良寛がどのような修行生活を送ったのかも確実なことは一切分かっていない。石田吉貞は市川忠夫が大関文仲の『良寛禅師伝』にある自分は参禅してから僧になるという記述に基づき、十八の時の光照寺入りは出家のためではなく、修行のためであり、もしここで出家しているなら玄乗破了が師でなければならないが、玄乗破了は法兄であって師ではなく、師は円通寺の国仙であることが、円通寺に残された法系を示す図によって明らかになると述べている。紀野一義はすぐに剃髪し出家得度したわけではなく、寺の雑務を行う行者《あんじゃ》になったという説を採っている。

貞心尼が残した『蓮の露《はちす》』の出家を述べたところで、二十二の脇に小さく十八と書かれているのも、そのことを意味していると取る。

とにかく、良寛が十八で出家したのか、二十二で出家したのか長らく論争の的《まと》になってきたが、最近では十八で家出、二十二で出家という説が優勢になってきている。しかし、この十八で家を出てから二十二に至るまでの四年間の良寛の行動ははっきり分かっておらず、謎のままである。そこでいろいろ揣摩《しま》憶測が生まれることになる。

『出雲崎町史』のように光照寺で剃髪し、そこで修行を続けたと断定している場合が多いが、多くの研究者がこの説に疑問を呈し、良寛が十八歳の時に一体どこで剃髪したのか解明を試みているが、文献的裏付けのある定説となるような説は存在していない。

たとえば、高橋庄次は栄蔵十八歳行方不明説を説く。

良寛の人生には推測する以外にない二度の空白期間がある。一度目がこの時の家出で、二度目は師である大忍国仙禅師が寛政三年（一七九一）に遷化《せんげ》してしばらくしてから円通寺を出て諸国行脚の旅をして、寛政八年（一七九六）に越後に帰り国上山の近在を転々とするまでの四年間の足取りがまったくと言っていいほど分かっていない。二度目の空白期間と言っていいだろう。歴史上有名な人物で出生が不明だとか、一時雲隠れしていたとかいう例はかなりあるが、人生で二度も空白期間がある人物は珍しい。それだけに良寛は謎に満ちた人物であるとする見方も出てくるわけである。また、良寛の人生の二度にわたる空白期間は、研究者の想像力をかきたてるらしく、様々な推測を生み、それがまたより一層良寛の人生遍歴への関心を刺激する。

高橋説の如く、正式の得度を受けず、行者として放浪したとしたら十八歳の世間知らずの若者がホームレスになったのと同じであるから、行く先々の寺で世話になることも出来、布施に与る機会もあったであろう、円通寺で国仙から印可を得て正式の僧侶となった後の二度目の旅に比べ、その苦労は並大抵のものではなかったであろう。また、いろいろな伝記に目を通してみても、この時期については詳しく触れている伝記が見当たらないのである。『全伝』は良寛についての先駆的な伝記研究ではあるが、専門的な良寛研究が進むにつれて東郷豊治はじめ多くの研究者から、その杜撰な点がいろいろ指摘されており、これに全面的に依拠するわけにはいかないことはもはや常識である。その点、何度も引用している高橋庄次による編年体の『良寛伝記考説』における出家についての経緯の考証は、無視することの出来ない考証だと考えられる。しかし、その労作にしても栄蔵の出奔後の四年間については、ほとんど著者の想像によって成り立った説であるが、その高橋説に依拠して、第一次行方不明期の栄蔵、後の良寛の足取りを追ってみる。

良寛が後年、この時期について詠んだ次の漢詩を高橋は、この時期の家出についてであると説いている。

少年捨父走他国

少年　父を捨て　他国に走り

辛苦して　虎を描いて　猫にもならず　　辛苦画虎猫不成
人あって　もし箇中の意と問わば　　有人若問箇中意
これは　これ　従来の栄蔵生　　箇是従来栄蔵生
（少年、父を捨て他国に出奔し、辛苦して虎を描いて猫にもならない　人にもし心境を問われれば
ただの栄蔵のままである）

安永四年、家出して以後、栄蔵は三峰館の学友、原田有則を頼ったと高橋は説く。（しかし、「他国」が玉島であると考えることも詩作の時期を考えると無視できない。）その後は探索の手がすぐに伸びる北國街道を避け、会津街道に出て柳津の香聚閣を訪ねた。香聚閣とは虚空蔵堂円蔵寺で、只見川の岸辺に建つ寺である。弘法大師が唐の高僧から霊木を授かり、帰国後、その霊木を三本に折って海に投じたところ、そのうちの一本が柳津に漂着した。霊木漂着の知らせを聞いた弘法大師は霊木で虚空蔵菩薩を刻み上げ、会津の名僧徳一大師がその菩薩像を本尊にして円蔵寺を開設した、と縁起に伝えられる名刹である。

良寛の後に作った漢詩に材を採ってその姿を描けば、清々しく澄んだ大気の中に宝塔が聳え立ち、伽藍が杉や檜の木立の間に見え隠れしている。切り立った山からは滝が流れ落ち、只見川の洲や渚がぼんやりかすんで見え、近くの木々の濃い緑は輝くようで、その風景の美しさには筆舌に尽くし難いものがあった。まるで仏典に出てくる香聚界そのままの世界であった。

栄蔵はここで僧になる決意を固めたと思われるが、父母の許可がないために正式に仏門に入ることが出来ない。この後はいつの日か正式に出家する日を夢見て、東北各地を転々とした。農家に雇われ日雇い仕事をしたり、行者として寺の雑務をしたりして、糊口を凌ぎ、これはと思う寺の僧を尋ね歩いた。

寺から寺に移る間は路傍に見つけた廃屋で雨露を凌ぎ一夜の眠りを得た。栄蔵はこれを仏道修行と思い、苦難に耐えたが、一向に悟りを得ることなど出来なかった。名僧の心境を得ようとしたが、乞食僧にもなれなかった。心境も元の栄蔵のままだった、というのが正直なところであった。以上が高橋説の概略である。しかし、この説の大きな問題は、どこで栄蔵が光照寺で行われる国仙の受戒式のことを知ったかが明らかにされていないことである。

剃髪の場所について

高橋説は良寛光照寺剃髪説に重要な問題を提起していると私は考えるが、松沢佐五重の論考「大森子陽とその周辺」を読み、光照寺入門説と同様、高橋の推論にも疑問を抱くようになり、私独自の推論を抱くに至った。

それは、三峰館時代の良寛の師である大森子陽が少年時代に、現在まで続いている新潟県白根市茨曾根の曹洞宗永安寺の大舟和尚の下で修行したという事実に発する。大舟和尚について松沢は次のように記している。

「大舟は古岸または弥彦とも号した優れた善智識であり、北越の仏教界の名望家であった。また内外典に通じ、詩書を善くした。天明七年（一七八七）五月没し享年八十二歳であった。大舟は壮年期東都で禅学を修行するかたわら、古文辞学の名家服部南郭に就学して詩文を研鑽した。」

大舟の影響のもとで三峰館のあった地蔵堂の地は好学の気風が興り、儒学のみならず、詩文の研鑽も盛んになった。詩会もしばしば催されるようになったという。もちろん子陽が詩会に参加していたことは言うまでもない。良寛も子陽に随ってこの詩会に参加したと推測することも十分に可能である。

私は大森子陽のつてを頼って良寛はこの永安寺で禅の修行を始めたに違いないと考えている。同時に、詩や書についても教えを受けただろうと推測する。さらに良寛が三峰館時代に寄宿していた中村久右衛門も大舟の門下であった。大舟はしばしば「門下の富家で酒造業を営んでいた中村久右衛門家に留錫して、詩会などにも列席していた」と松沢は述べている。中村家と良寛の家は縁戚関係にあった。中村家の詩会に良寛が子陽や久右衛門とともに出席し、大舟と面識があったと考えることは十分可能である。良寛と永安寺を結ぶ線はこれだけ太くはっきりしているのである。良寛が行者もしくは見習い僧として永安寺に入ったという推測は十分成り立つ。東郷豊治は良寛が禅宗の寺で出家することを希望したなら、光照寺ではなく、以南の実家が檀家であった与板町の曹洞宗の巨刹徳昌寺を選ぶのが自然だったと述べているが、出雲崎の代々続く旧家の当主が剃髪する曹洞宗の寺としても永安寺はふさわしかったと推測できる。昭和十二年の火災で全焼したために、永安寺には何一つ記録が残されていないが、開山以来の檀家総代である江戸時代の大庄屋、関根家の現在の当主、関根伸行氏が土蔵の中から見つけ出した書類によると、永安寺は十七世紀の前半に、北岸良頓（鉄面癡頑禅師・一五八六―一六四八）が、関根三左衛門の財政的支援を受けて開山した。北岸良頓が後に曹洞宗の大本山永平寺の二十五世貫主になっていることをみても、永安寺は当時の北越を代表する曹洞宗の名刹であったことが分かる。また、人脈をたどると徳昌寺よりも永安寺で剃髪修行したという推測が十分に成り立つと考えられる。

　さらに、西蒲原平野には両岸で凧を揚げて糸を絡ませ、どちらかの糸が切れるまで凧を空で闘わせる「白根大凧合戦」で有名な中ノ口川がある。信濃川から三条市で分流し、新潟市善久《ぜんく》で再び合流する信濃川の支流である。永安寺の鳥木俊英住職によると、江戸時代にはこの川の岸に点在する寺同士が「組寺《くみじ》」という制度を作り、船で頻繁に行き来していた。永安寺ももちろんこの組寺の一員だった。またこの組寺の一つに玉島円通寺の末寺である万能《ばんのう》寺があった。永安寺と万能寺が親しい関係にあったことは当然で、両寺の住職は親しく、しばしば顔を合わせていた。大舟は大忍国仙の光照寺での夏安居《げあんご》の情報についてもいち早く万能寺から手に入れていただろう。

　一方で、光照寺に良寛の修行した痕跡が何一つないというのも、光照寺のある出雲崎は良寛にとっては苦い思い出が多すぎたからであろう。そうした思い出を断ち切ることの可能な出雲崎からある程度離れた土地の寺で修行することが良寛の望みであったと考えることに無理はない。また、光照寺で国仙を受戒の師として夏安居が行われるという情報を得るには曹洞宗の寺にいなければ無理だったであろう。

さらにこの論証を補強するもう一つの重要な事実が存在する。それは玉島の円通寺での修行を終え、蒲原平野で暮らし始めた良寛が親しく交わった僧、有願の履歴である。有願と良寛が「いつ」、「どこ」で親しくなったのかを明らかにする文献はいまのところ存在しない。しかし、良寛はこの二十も年上の道友を慕い、親しく交わり、有願の描いた達磨の絵に「君看よや双眼の色、語らざれば憂い無きに似たり」と賛を付し、「有願居士を訪う」他六篇の詩を有願に捧げている。

この有願は良寛の師であった子陽と永安寺の大舟和尚の下でともに修行した兄弟弟子であった。飯田利行は『良寛髑髏詩集譯』の中で、この有願について、「七十三歳で示寂。臨終に際しては、俗に親友良寛和尚の膝にもたれて往生を遂げたともいわれている」と述べているが、これほど親しくなったのには若い良寛が、有願が永安寺にいたころから親しくしていたからではないか。有願が地蔵堂の中村家の詩会に参加していたことも十分推測可能である。また、現在の有願会事務局長の山田泰介は、有願が玉島円通寺に赴いたことを、疑問符付きではあるが、可能性としてその年譜に記している。

もちろん、この永安寺剃髪説は私の推測に過ぎず、確証となる文献を欠くが、同じく文献的確証のない光照寺説や行方不明説にくらべ「人脈」という有力な状況証拠に基づく点では説得力があると考える。

良寛妻帯説の是非

西郡久吾が『全伝』で良寛出家の理由の一つとして「一度は婦人を迎へしが、半歳ならずして恩愛を棄てて無為に入れり」と記して以来、良寛の妻帯をめぐって様々な説が出されてきた。栗田勇のようにこれを完全な事実として受け入れている良寛研究家も多い。「一度は妻を迎えたが、半年もしないで、夫婦の情愛を捨てて仏門に入ったという。すると、文孝（良寛）は十八歳の一月か二月ころに、結婚式を挙げていたかもしれない」（『良寛の生涯』）と結婚を事実として完全に認め、その日取りまで推定している谷川敏朗のような研究家さえも存在する。

また、良寛妻帯説を完全に否定する研究者はほとんどいない。『出雲崎町史』のようにこの説を黙殺するか、無視する場合がほとんどである。良寛を広く世間に紹介した相馬御風の『大愚良寛』も良寛の出家への「素願」を重視し、この点については触れていない。宮栄二のように良寛妻帯説にまったく触れずにその伝記を著した研究家もいる（宮栄二『良寛』）。

小林秀雄が妻子を捨てて出家した西行について論じ、出家の動機の詮索などどうでもいいと言っているのと同様のことが良寛についても言えるかもしれない。しかし良寛に妻子がいたか、いなかったかは良寛の生涯をたどり、その詩や歌を読み解くには無視できない。「作者の死」を唱えたロラン・バルトの言うように、作家はそのテキストだけが大事で、その伝記など問題にするに値しないという考えも成り立つが、その作家の生涯を知ることによってテキストのより深い理解を得られることも確かである。

最近では新潟大学名誉教授の冨沢信明が、出雲崎町の良寛の生家、山本家に伝わる「山本氏近世歴代之家譜」を精査し、良寛には「釋尼妙歓」という法名を持つ妻がいたことを明らかにしているのは先に述べたとおりである。冨沢は「出家前の良寛は地区のまつりごとにかかわった『名主見習』だった。当時は妻がいたと考えるのが当然である」と述べている（「読売新聞」二〇〇六年九月十七日）。

しかし、冨沢の良寛妻帯説のはるか以前に良寛に妻子が存在したことを詳細な現地調査によって明らかにした研究がある。先にも触れた伊丹末雄『良寛　寂寥の人』（恒文社、一九九四）がそれである。伊丹は『万葉集難訓考』、『万葉集成立考』などの著作のある篤実な万葉研究家であるが、新潟に生まれ育ったこともあり、生涯にわたって良寛に深い関心を持ち続け、東郷豊治に師事し、東郷の遺志を受け継ぎ研究した結果、妻帯説を確信し、この著書を著した。しかし、出雲崎と白根の両地方に伝わる口伝を主たる根拠にしており、文献的証拠が乏しいためになかなか通説となるに至らなかったようである。

伊丹はまず出雲崎と白根の両地方に良寛妻帯説の口伝が残されていることから、この口伝に信憑性があることを確信し、調査を始めた。その結果、白根茨曾根の組頭、関根小左衛門の娘が出雲崎の山本家に嫁ぎ、すぐに離縁されたことを、関根家の子孫にあたる関根関蔵から直接聞いたと記している。離縁の理由は良寛の父、以南がたびたび関根家に金を無心したことにあったようだ。そしてこの娘は出戻りということで実家では冷たく扱われた。おまけに良寛との間にすでに女の子を一人儲けていたが、その子は夭折してしまったという。

伊丹はさらに調査を進め、関根家の菩提寺である西蒲原郡月潟村（現在は新潟市）大別当の浄土真宗・満徳寺過去帳の「寛政十二年申年」の条に「十一月十九日、上茨・関根小左衛門、小五郎姉娘」の記載があることを発見した。伊丹はこの本来ならば法名で記載されるはずの名が姉娘といった異例の記載の仕方をされているところから他家に嫁いだ娘であり、良寛の嫁が関根小左衛門の娘であることを確信する。一方、山本家過去帳の同じ年の十一月九日の欄に浄土真宗の法名である「釋尼妙歓　寛政十二年十月」の記載を発見する。両者の間には一月と十日の差がある。しかし伊丹は自分の生まれ故郷の白根地方では稲の収穫期に葬儀を行うことを忌み嫌う慣例があり、それによって命日を一月と十日延ばすことにしたに違いないと断を下す。また、代々関根小左衛門家の支配人を務めてきた茨曽根の関根熊市から「自分の先祖の紋右衛門が山本家に嫁の荷物を取りに行ったことは事実である」との証言を原田仁一郎が得たとの記述がある。原田仁一郎は良寛研究に生涯を捧げた原田勘平の子孫である。さらに伊丹は良寛示寂の際の香典帳の記載から関根小左衛門の山本家に対する手厚い弔意を読み取り、この地方ではある男が死んだ時もっとも手厚い弔意を表すのが男の妻の実家である風習から、関根家の姉娘が間違いなく良寛の妻であったと結論する。

だが、良寛の妻だった女性の俗名は分からない。これについて伊丹は「この俗名は、今後よほどの幸運に恵まれない限り、窺いがたい謎なのであろう」と述べている。

良寛について調べ、考えているうちに私は良寛の謎は謎のままにしておいたほうがよいのか、それとも出来る限り明らかにすべきか大いに迷った。その迷いの果てに私が至りついた結論は、それは良寛の読者一人一人に委ねられている、私は私の態度を貫けばよいというごく当たり前の結論だった。

三　出家と修行

大忍国仙による受戒

安永八年（一七七九）、衆僧を連れて曹洞宗の夏安居の修行である江湖会《ごうこえ》や受戒を行うために諸国の寺を巡っていた国仙は、五月に越後出雲崎の光照寺で本師として江湖会に臨席し、受戒式で戒師を務めることになっていた。

国仙の受戒式のための東北の旅は、永安寺にいた栄蔵の耳にはすぐに入ったであろう。幸いなことに、父以南は出奔して久しかった栄蔵に家を継がせることを諦め、橘屋は弟の由之が名跡を継ぐことに決まり、すでに仕事を始めていた。栄蔵は受戒の妨げとなる父母の反対をはじめ、「遮難」のすべてから解放され、正式に仏門の徒となり、修行三昧の日々を送ることが可能となった。前途には厳しく過酷な修行の日々が待ち構えていたが、若い良寛の心は求道に向かい激しく燃え立っていた。栄蔵はこの機を逃さず、国仙から受戒を受ける決意を固め、実行に移した。

これは「良寛禅師碑銘並序」から十分推測可能である。碑銘には「安永八己亥、歳二十二、時にたまたま備（岡山県）の円通（寺）国仙忍老の行化（遊行教化）を承く。まさに謂《おも》う。『曇花は逢い易く、知識は遭い難し、時を失うべからず』と。俄かに往きて詣で、宿願を遂げんと欲す。仙（国仙）一たび器の重きを見て薙染（出家）せしむ。名を立てて大愚と曰う」とある。

曇花は三千年に一度花を開く優曇華《うどんげ》の花のことで、会い難いことのたとえである。知識とは優曇華よりもさらに出会うことが難しい仏道に導く高徳の僧のことである。「俄かに往きて詣で」とある所から、噂を聞いて、突然、光照寺に訪ねて行ったことが推測される。もし、光照寺で暮していたとしたら、「俄かに往きて詣で」などという表現はあり得ない。

良寛は光照寺の国仙のところに赴き、受戒の師となることを頼み込んだ。国仙は一目で栄蔵がただならぬ大器であることを見抜き、戒を授け、得度させ、大忍国仙の門弟として大愚良寛の法号を与えた。大愚良寛の誕生である。

ところで、かくまで良寛の心を捕らえた国仙禅師とはどのような人物であったのだろうか。

国仙は俗姓松原、諱《いみな》は国仙、字は大忍で、享保八年（一七二三）、現在の埼玉県大里郡に当たる、武蔵の国岡部村で生まれた。ただこのことについて確証はない。両親と早く死別したため、五歳のころ、武蔵小山田大泉寺の全国高外和尚の弟子となり、十三の歳に琵琶湖に近い清涼寺で全国高外から得度を受け、二十歳にならずして印可証明を受けるほどの早熟ぶりだった。ただこの年、全国高外が示寂したために、その後は清涼寺の頑極官慶《がんごく》、天徳院の悦巌素忻《えつがんそきん》、越前永建寺の華厳曹海、関山道察などの師を歴訪、参見し、その指導を受けた。三十歳で大本山永平寺へ瑞世《ずいせ》（一夜住職を務める曹洞宗の重要な通過儀礼）に赴き、和尚位へ進み、信濃や越前の諸国で修行を重ね、町田市の大泉寺、神奈川県愛川村の勝楽寺などの住職を経て明和六年（一七六九）、四十七歳の時に現在の岡山県倉敷市にある円通寺の第十世住職となった。国仙は参禅、読経、行脚から日々の作務に至るまで徹底して修行の型を守らせたが、それぞれの僧が自ずからその型を破り、独自の型を見出す指導を行い、多くの名僧を輩出させた。良寛は三十人いた国仙の二十九番目の弟子であった。国仙は円通寺在任中、常恒会《じょうこうえ》と言われる高い寺格を与えられるなど、宗門の指導者として卓絶していたが、書や和歌にも優れ、これも良寛に強い影響を及ぼした。良寛に印可を与えた翌年の寛政三年（一七九一）三月十八日、円通寺高方丈《たかほうじょう》で息を引き取った。「入魔入仏　六十九年魔仏を透出す　閑座閑眠」の遺偈《ゆいげ》を残し、墓所は倉敷市船倉町長連寺にある。

円通寺での生活

それにしても運命というものは不思議である。良寛がもし国仙と出会わなかったらどうなっていたであろうか。あるいは、良寛と国仙の出会いこそがまさに仏縁と呼ぶものであろう。求道が個人の意思であると同時に仏の導きであることを何よりもよく語っているのが、この良寛と国仙の出会いであると私はつくづく思わざるを得ない。一目見ただけで栄蔵が並々ならぬ器量の持ち主であることを見抜いた国仙の眼力はもちろん厳しい修行によって培われたものであったろう。受戒した時の良寛の決意を「僧伽」と題した漢詩の中の次の四行にうかがえる。

たとい乳虎の隊に入るとも　　縦入乳虎隊
名利の路を践《ふ》むことなかれ　　勿践名利路
名利　わずかに心に入らば　　名利纔入心
海水もまた　灑ぎがたし　　海水亦難灑

(たとえ子連れの虎の群れに紛れ込むような危険に巡り合おうと、名利の道を求めてはならない　少しでも名利の道を求める心があれば　大海の水を以てしてもそれを濯ぐことは出来ない)

こうして良寛は国仙の僧伽《そうぎゃ》(衆僧)となり、国仙に率いられた北陸道の寺々の巡錫《じゅんしゃく》に加わり、岡山玉島の円通寺に向かうことになる。途中、近江路を越える時、いよいよ越後に続く道とも別れることを思い、望郷の一首を詠んでいる。故郷へ向かう人がいたなら言伝《ことづ》てを頼もう、今日私は近江路を越えた、と。

近江路を過ぎて

故郷《ふるさと》へ行く人あらば言伝てむ今日近江路を我越えにきと

この後の旅程については諸説あって明らかではないが、京都を経たのは確かだと思われる。東郷豊治編の歌集の中に、「葉月の十日まり五日の夜」という詞書の付いた歌が一首掲載されている。

うちむれて都の月を見つれども慣れにし鄙《ひな》ぞ恋ひしかりける

五月か六月に国仙の僧伽の一人となって玉島に向かえば、八月に京都にいてもおかしくない。前掲の歌同様、離れてきたばかりの故郷への郷愁を、月を見ながら歌うことはごく自然な感情だし、良寛が「うちむれて」、つまり大勢で京都に滞在したのはこの時を措いて他には考えにくい。

しかしともかく、この年の十一月、良寛は国仙一行とともに、備中玉島の円通寺に入った。備中もすでに冬の半ば、故郷の越後に比べればはるかに凌ぎやすかったが、冬の寒さがすでに忍び寄っていた。

円通寺は玉島の町を見下ろす小高い丘の上にあった。釈迦如来の座像を収めた本堂、それに位牌堂、開山堂が続き、書院、庫裏《くり》、高方丈、衆寮、禅堂、鐘楼などからなる広大な寺院である。行基の開創と伝えられ、本尊として行基の彫ったと伝えられる聖観音像が祀られている。また、「洗面」や「洗浄」を重んじた道元の教えを実行するための井戸がある。良寛もこの井戸で日々身を清めた。境内からは瀬戸内海の島々や行き交う船の姿が遠望された。行き交う船の中には良寛の故郷の出雲崎からはるばる航海してきた北前船もあった。
円通寺の国仙のもとでいよいよ本格的な禅僧としての修行が始まったわけだが、この時代についても相馬御風が「私達にとりてはかの円通寺に於ける修業時代の良寛の生活、彼その人を理解する上に最も重要な題目なのであるけれども、悲しいことにはそれを窺ふ為の材料は殆ど全く残されてゐない」(『大愚良寛』)と述べているようにほとんど資料は残されていない。私はこの時期に限らず、良寛の足跡をたどるには詩と歌を読むことがもっとも重要だと考える。もちろん、そこに当然推測は混じるわけだが、詩や歌に詠んだ事柄、そこに託された感情はまぎれもなく良寛のものだからである。その意味で良寛は貴重な資料をずいぶん多く残してくれたと考えている。万葉集を愛読していた良寛にとって歌は万葉の歌人たち同様、作為や技巧には遠く、そのまま日常生活の一齣を詠み、感情を吐露するものであった。円通寺時代に関しても、良寛自身がこの時期を回想して詠んだ詩が残されている。

円通寺

円通寺に来ってより
幾回か　冬春を経たる
門前は　千家の邑《むら》
すなわち　一人だに識らず。

従来円通寺
幾回経冬春
門前千家邑
乃不識一人

衣　垢づけば　手ずから濯い
食尽くれば　城闉《じょういん》に出ず
かつて　高僧伝を読むに
僧可は　清貧を可とする
憶う　円通寺にありし時
恒に　我が道の孤なるを歎ぜしことを。
柴を運んで　龐公《ほうこう》を懐《おも》い
碓《うす》を踏んで　老盧を思う
入室　あえて後《おく》るるにあらず
朝参　つねに徒に先んず。
ひとたび　席を参じてより
悠々たり　三十年。
山海　中州を隔て
消息　人の伝うるなし
恩に感じ　ついに涙あり
これを寄す　水の潺湲《せんかん》たるに。

衣垢手自濯
食尽出城闉
曾読高僧伝
僧可可清貧
憶在円通寺
恒歎吾道孤
運柴懐龐公
踏碓思老盧
入室非敢後
朝参常先徒
一自従参席
悠々三十年
山海隔中州
消息無人伝
感恩終有涙
寄之水潺湲

（円通寺に来てから　何度冬と春が巡ってきたことだろう　門前には千軒の家が並ぶ村があり　それ

でも一人として知人はいない　衣類が垢で汚れれば自分で洗濯し　食べ物がなくなれば町に托鉢に出る　昔、高僧伝を読んだが　慧可《えか》は、僧は清貧がよいと言っている

思い返せば円通寺に暮らした時　いつも自分の修行は孤独だと嘆いていた　柴を運んでは唐の龐公のことを懐かしく思い　碓を踏んでは唐の慧能《えのう》のことを思った　夜の独参のための師の部屋への入室は人に遅れず　早朝の座禅には人に先んじた　一たび円通寺を離れてから　もう三十年が過ぎた　越後と備中では山や海を隔てているから　その後の消息を伝えてくれるものもいない　国仙老師の恩を思うと涙が出る　その涙は音たてて流れる清流のようだ)

円通寺を離れてから三十年経って詠んだ詩であるが、円通寺にいたころの良寛の生活の片鱗を伝えている。柳田聖山は『寒山詩』や『詩経』を踏まえており、中国の伝統的な清貧の思想を尊んでいると解する。柳田の良寛詩の解釈は奥行きが深く、説得力があり、裨益《ひえき》されるところが大きい。

「円通寺僧堂日分行事差定」(良寛全集刊行会、谷川敏朗編著『良寛全集別巻1　良寛伝記・年譜・文献目録』、野島出版、一九八一)に従えばここでの良寛の一日は次のような日程を厳格に守って過ぎて行ったと思われる。

午前三時に「開静」と呼ばれる木板を鳴らす音によって起き(振鈴《しんれい》起床)、十五分後に僧堂内での朝の座禅に加わる(暁天座禅)。その後、四時半に本堂で読経し(朝課諷経《ふぎん》)、六時にお粥だけの朝

食を摂る（朝粥行鉢《ちょうしゅくぎょうはつ》）。七時から二度目の座禅を行い（早晨《そうしん》座禅）、八時から作務《さむ》を務める（日天作務）。十時から講義があり（早天法益）、十一時に再び読経（日中諷経）、正午に大麦飯、みそ汁、煮しめ、漬物の昼食を摂る（午時行鉢）。午後は一時から衆寮での講義があり（斎罷《さいは》看読）、四時から三度目の座禅（晩参座禅）、五時から読経（晩課諷経）、六時に温めた薬石を腹に当て、夕食に替える（焼石喫湯）。七時に再び座禅を組み（夜坐）、九時には開枕鐘が静かに鳴り、就寝となる（開枕就寝）。

作務と座禅

鈴木大拙は、入衆後の僧のたどる修行の過程として、忍辱的生活、作務、陰徳を積むこと、祈りと感謝の生活、参禅弁道の五つを挙げている。この五つを良寛が他の僧の誰よりも熱心に忠実に実行したことがこの詩によって分かる。唐の時代に禅宗を大成した名僧たちのことを思い出しながら柴を運んだり、碓を引いたりして作務に励んだ。「一日不作一日不食（一日作《な》さざらば一日食らわず）」という百丈禅師の言葉が『正法眼蔵』「行持・上」にはあるが、それだけ労働を重んじたのである。禅師たちは畑や森や山の中で弟子たちが労働に励むことを重要な修行の一つと考え、自らも率先して鍬で畑を耕し、斧で薪を切り、渓谷や泉の水を汲んでは運んだ。座禅と作務が禅堂生活を支える二つの基本であったと言ってよいだろう。それかあらぬか、率先して作務を行う高僧が作務について問答を交わす例話が禅宗には多くある。一例を挙げれば、ある日、趙州従《じょうしゅうじゅう》諗《しん》が庭を掃いていると、一人の僧がやって来て尋ねた。「和尚は天下の大知識であるのに何で塵があるのですか。」和尚は「外から来るのだ」と応じた。つまりお前たちがそんな気構えでいるから庭は塵だらけになるのだと教えたのである。

同時に、道元は作務の中で、とりわけ典座《てんぞ》を重視した。典座とは禅堂において食事の用意をする役目のことである。この典座について道元は『典座教訓』、『赴粥飯法《ふしゅくはんぽう》』において食事を用意する時の心構えと方法、食事の仕方、その後始末について事細かに記している。とにかく食事の際の僧堂への入り方から始まり、席次、僧が携行する折り畳み式の台座である牀《しょう》への上がり方、鉢の下ろし方、聖僧への食事供養の仕方、住持入堂の儀式、食器の並べ方、食前の祈り、食事を配る時の祈り、献立の報告、施財の祈り、食事の受け方、五つの瞑想、粥の食べ方に至るまでが微に入り、細に入り、禅の精神に則って記されているのである。たとえば、「鉢の中のご飯をかき分けるようにして食べてはいけない。病気でもないのに、自分だけ特別なおかずやご飯を要求してはいけない。ご飯でおかずを覆い隠しておいて、さらにおかずを求めてはいけない。隣の席の鉢の中を覗きみて、不満に思う心を起こしてはいけない。自分の鉢に全身を濯いで食べるようにしなさい」(『赴粥飯法』)といった具合に、まるで子供にでも言い聞かすように細かく指示しているのである。私などはその文章を読むだけでうんざりしてしまうが、良寛たちはこの「飯法」を毎日朝と昼に実践していたのである。そこには「法はこれ食《じき》、食《じき》はこれ法なり」つまり、食と仏道は一体であるという考え方がある。道元を崇敬した良寛は、円通寺に在った時、食事の支度に精魂込めたであろうことは間違いない。「碓を踏んでは慧能を憶う」、という短い言葉の中にその事実がよく出ている。言うまでもなく、慧能は早くに父を亡くし、薪を売って母を養っていたが、ある日、町で金剛経を聞き悟り、蘄《き》州黄梅県の五祖弘忍に参じ、米つきを八カ月して「本来無一物」の偈を呈して法を継いだ名僧である。また典座は住職に注ぐ位とされ、その任につく僧には敬意が払われた。

しかし一方で、禅の修行では食について常識では考えられないことをしばしば行う。

西郡久吾の『北越偉人沙門良寛全伝』には、良寛が越後に帰郷して五合庵に暮らしていたころの次のような挿話が紹介されている。江戸から良寛の令名を聞いて訪ねてきた客が、川の堤の上で子供たちと鬼ごっこをして泥まみれになっている乞食僧を見かけた。江戸からの客はその僧に国上山への道を尋ねると、自分が良寛だ、一緒に五合庵まで行きましょうと客を案内した。途中、大田村のある酒店の前に泥酔して横たわっている男がいた。その周りには男が吐いた目をそむけたくなるような吐瀉物が散乱していた。良寛は客にちょうど昼飯時だが庵室に帰っても食べるものは何もない、この男の吐いた物を昼飯にしましょうと言って、口にし始めた。客はびっくりしてそのまま逃げ帰ったという。

これに関連して言えば、勝海舟、高橋泥舟と並んで幕末の三舟と称された、山岡鉄舟の故事がある。鉄舟は高橋泥舟とともに、官軍の西郷隆盛と幕府の勝海舟の間を斡旋し、江戸城無血開城への道を拓き、江戸の町を戦火から救った人物である。その鉄舟がある禅寺で僧たちとともに集まって食事をしている席に乞食が紛れ込んで酒を飲み食事をしたが、食べ過ぎ飲み過ぎたために満座の中で食べたばかりのものをすべて吐瀉してしまった。するとそこに鉄舟が進み出て「ささ皆さん、結構な仏飯《ぶっぱん》をどうぞ」と大きな声を出した。もちろん、鉄舟の勧めに応じる僧は一人としていなかった。すると鉄舟は「それではお先に」と言い、乞食の吐き出した吐瀉物を両手ですくいすべて平らげた、というのである。また、死者の食べ残した食物を平然と食べる禅僧、行脚の途中でハンセン病者が吐き出した食物を弟子とともに食べ、思わず弟子がそれを吐き出すと弟子を修行が足りないといって禅堂に追い返した禅僧の逸話が残っている。

西郡久吾はまた、良寛には泥のついた裸足のまま、他人の家の台所に上がり、飯櫃から飯を掬いだして平然と食べる奇癖があったことを記している。

私のような凡人からすると両極端な食物観のように思えるが、修行を積み、悟達の域に入った禅僧にとってはどちらも仏法の観点からすると同じであるのだろう。こうした逸話に触れるたびに私は西田幾多郎の言う「絶対矛盾的自己同一」という言葉を思い出す。

さらに、『羅山文集』には、大燈国師が、恩愛の欲を断つために、自分の二歳の子を殺し、串にして炙り、妻が買ってきた酒の肴にして食べたという話が載っている。林羅山はこの事実を知り、仏教を捨て儒者に転じた。大燈国師は夢窓疎石とともに足利初期を代表する禅僧で、大覚寺の開祖として、また京都の五条の橋の下で癩者や乞食とともに二十年間暮らしたことでも知られる。

禅僧が日常身に着ける袈裟についても同じような考えがみられる。『正法眼蔵』の「袈裟功徳」

の巻には、「諸仏の上法、かならず糞掃衣《ふんぞうえ》を上品《じょうぼん》とす」とあり、焼け焦げた布、牛が反芻して吐き捨てた布、鼠が齧った布、死人が着ている布などを拾ってきて洗い清め、縫い合わせて袈裟にした糞掃衣を最上とするというのである。清浄と汚穢はつねに一体のものとして考えられているのである。これが究極的には生死《しょうじ》一体という考え方につながるのであろう。

また円通寺には参禅も読経もせず、毎日ひたすら畑で野菜作りに精を出していた仙桂という兄弟子がいた。この兄弟子について入室の際の問答で良寛が問うと、師の国仙は「一に石を曳き、二に土を運ぶ」と答えた。国仙は唐の高僧慧能の故事を引いて、仙桂を讃えたのである。この理論よりも実践を尊ぶところに禅宗の真髄があることを良寛は越後に戻ってから深く理解した。良寛は仙桂和尚についての詩を越後に帰ってから詠んでいる。同じ円通寺で修行し、政治的手腕に長け、永平寺五十世を襲った玄透即中についてはまったく沈黙を守っているのと対照的である。ここに良寛の求道の真面目があったと言っても過言ではないだろう。

仙桂和尚は真の道者　　仙桂和尚者真道者
黙して作し、言は朴なるの客　　黙作言朴客
三十年　国仙の会にあって　　三十年在国仙会
禅参ぜず、経を読まず　　不参禅不読経
宗門の一句だに道《い》わず　　不道宗文一句

菜園を作って、大衆に供養す。　作園菜供養大衆
まさにわれ　これを見るべくして　見ず　当我見之不見
これに遇うべくして　遇わず　遇之不遇
ああ、今これに放《なら》わんとするも得べからず　呼呼今放之不可得
仙桂和尚は真の道者　仙桂和尚者真道者

（仙桂和尚は本物の求道者だ　黙々と作務に励み　言葉も気取らなかった　三十年間国仙の下で、円通寺に暮らし　参禅にも加わらず、読経にも加わらなかった　道元の教えを一度も口にすることなく　菜園で野菜を作り、衆僧の食事に供し　自分はその姿を見ていながら見ていないに等しかった　会っていたのに会っていないのと同じだった　ああ、いまさらあの人に学ぼうとしても学べない　仙桂和尚こそ本物の求道者だ）

手毬が大好き

しかし、禅堂の厳しい生活の中にも「随意座《ずいいざ》」または「徐作」と称される特別な休日が設けられていた。日頃溜りに溜まったストレスを発散し、新たな修行への英気を養う日である。この日に限って禅堂生活の厳しい束縛から一切解放されて、修行僧は心の赴くままに行動することが許される。

良寛は随意座の日に何をしていたのだろうか。ここで思い浮かぶのが「毬子《きゅうし》」の詩である。

袖裏の繡毬　直　千金
謂う　われこそ　好手　等匹なしと。
箇中の意旨　もし相問わば
ひい、ふう、みい、よう、いつ、むう、なな。

一箇の繡毬　打し　また打し
みずから　誇る　好手　倫匹なきを。
この中の意旨　もし相問わば
ひい、ふう、みい、よう、いつ、むう、なな

袖裏繡毬値千金
謂言好手無等匹
箇中意旨若相問
一二三四五六七

一箇繡毬打又打
自誇好手無倫匹
此中意旨若相問
一二三四五六七

（私の袖の中にある綾糸で作った手毬《てまり》は極上品だ　私は自分こそ手毬の名人で、かなう敵はいないと思う　手毬の極意を知りたいのなら教えよう　一、二、三、四、五、六、七　一つの手毬を何度もついて　こんな上手な相手はいないと自慢する　手毬の極意を知りたければ教えよう　一、二、三、四、五、六、七）

この後に数聯の詩行が続く。この詩が詠まれた時期は五合庵時代であるが、良寛の手毬好きは

円通寺以来のものであったと推定される。随意座の日には、多くの僧たちは相撲に興じたようである。しかし、良寛はその仲間には加わらず、一人手毬をついて遊んだのではないであろうか。「ひい、ふう、みい、よう、いつ、むう、なな」と声を挙げて。

漢詩だけではなく、手毬を歌った長歌や短歌も多くある。越後に戻ってからの歌だと思われるが、円通寺時代に托鉢の途次、子供たちと良寛が手毬で遊んだことは相馬御風の『大愚良寛』に出てくる、円通寺二十五世住職、石井戒全禅師の談話にある。

東郷豊治は良寛の手毬を詠んだ歌を重視して、歌集の冒頭に配しているがその中から一首引用する。

霞たつながき春日をこどもらと手まりつきつつこの日暮らしつ

さらに、円通寺時代の良寛にはいかにも良寛らしい逸話が石井戒全の同じ談話に残されている。ある時、ある村に空き巣が入った。村の岡っ引きは村に時々托鉢にやって来るあの乞食坊主の仕業に違いないと決めつけ、良寛を捕まえて尋問した。良寛は何も答えようとしなかった。岡っ引きは間違いなくこの乞食坊主の仕業だと信じ、穴を掘って良寛を生き埋めにしようとした。その時、これを見ていた村の豪農の一人が、何一つ弁解しようとしない良寛の姿を見てただならぬものを感じ、「この坊さん、無言でいるところを見ると、ただの坊主ではない。最近聞いた話では、円通寺に一人の雲水がいて、ごく普通の恰好をしているが、なかなかの坊さんで悟りを開いており、この村にも時々やって来るという話だ」と仲裁に入った。そこでもう一度尋問すると、良寛は「ひとたび嫌疑を受けたらどれほど弁解してもそれは言い訳にしか過ぎず、これも前世の罪業のせいだと諦め、どんな罰を受けてもしょうがないと思い、あえていろいろ弁解することはしなかった」と答えた。これを聞いて岡っ引きは自分の非を認めて謝り、良寛を釈放したという。こういうことも修行の一つと良寛は考えていたのだろう。

禅の修行においてもっとも重視されるのが座禅であることは言うまでもない。道元の師、宋の天童山の如浄は、自分の身体と心のすべての束縛から解放される状態、心身脱落《しんしんだつらく》こそ座禅の究極の目的であり、それこそが修行の最終的な目的であることを繰り返し説いた。道元はその教えを徹底し、焼香・礼拝・念仏・修懺・看経は仏法の「調度」であり、只管打坐《しかんたざ》、ひたすら座禅することによって心身脱落の状態に至ることが道元の仏法の根幹であると、大谷哲夫は説いているが、『正法眼蔵』の随所にそのことが示されている。

また、良寛は円通寺時代に国仙師によってきっかけを得た、自分の勉学態度について詩を残しているので長くなるがそのすべてを引用する。

春夜　蒼茫《そうぼう》たり　二三更
春雨に雪が入り交じって　庭竹に灑ぐ

春夜蒼茫二三更
春雨和雪灑庭竹

寂寥を慰めんと欲すれど　まことに由なく
暗裏に模索す　永平録
香を焼《た》き　燈を点じ　静かに披き見るに
一句一言　みな　珠玉たり
憶《おも》い得たり　儔昔《ちゅうせき》　玉島にありて
円通の先師
正法眼蔵を提示せしことを
当時すでに　景仰の意あり
ために拝閲を乞い　親しく履践《りせん》す
始めて従前の漫《みだり》に力を費やせしことを覚り
これより師を辞して　遠く往返す
ああ、永平　なんの縁かある
到るところ　逢著《ほうじゃく》す　正法眼。
参じ去り　参じ来る　およそ幾回ぞ
その中　往々　呵責なし。
諸法　知識に　産学し到り
ふたたびこの録を把りて　ほぼ参同す。

慾慰寂寥良無由
暗裏模索永平録
焼香点燈静披見
一句一言皆珠玉
憶得儔昔在玉島
円通之先師
提示正法眼蔵
当時已有景仰意
為請拝閲親履践
始覚従前漫費力
由是辞師遠往返
嗟々永平有何縁
到処逢著正法眼
参去参来凡幾回
其中往々無呵責
諸法知識産学到
二把此録約参同

ああ、諸法の混ずるをいかんとするともなく
玉と石と　ともに分かつなし
五百年来　塵埃《じんない》に委ねしは
職として　これ法を択ぶの目無きによる
滔々　皆これ　たがためにか挙する
言うなかれ　今に感じて心曲を労すと
一夜　燈前に　涙留まらず
湿《うるお》い尽す　永平の古仏録。
翌日、隣翁　草庵に来たり
われに問う　この書　なんすれぞ湿《うるおい》たると
道《い》わんと欲して道《い》わず　心　うたた切なり
心　うたた切なるも　説き及ばさず。
低頭　やや久しうして　一語を得たり
夜来の雨漏　書笈を湿すと。

噫無奈何諸法混
玉也石也無与分
五百年来委塵埃
職由是無択法眼
滔々皆是為誰挙
莫言感今労心曲
一夜燈前涙不留
湿尽永平古仏録
翌日隣翁来草庵
問我此書何為湿
欲道不道心転切
心転切兮説不及
低頭良久得一語
夜来雨漏湿書笈

(春の夜はいつの間にか更け深夜だ　春雨と雪が入り混じって庭の竹に降り注ぐ　孤独な淋しさを慰めようとするが何の術もなく　暗がりを手探りして永平録を探りだした　香を焚き蠟燭を点け静か

に頁を披くと　思い出せばずっと昔、玉島にいたころ　円通寺の国仙和尚が　『正法眼蔵』を示してくれたことを　当時すでに道元禅師への尊敬の念があったから　国仙和尚に読ませてくださいと頼んで、その教えを実行した　そこでいままで無駄な努力をしてきたことを初めて知り　それで国仙和尚の下を離れて各地を訪ね歩いた　ああ、永平寺と自分は何の因果で結ばれているのだろう　行く先々で『正法眼蔵』の教えに出会う　何度も参学していると　その中にはしばしば叱責してくれないところもある　そこでまた高僧や諸法に学び　再び永平録を手に取り何とか禅の道を歩いてきたああ、いまではいろいろの教えが入り乱れ　どれが石でどれが玉か分からなくなってしまった　五百年もこの教えが塵芥にまみれてきたのは　僧が職業になって法を選ぶ目がなくなってしまったからだ　この水の盛んになるような教えは誰のためにあるのか　現状を一人憂いて心を労しているなどとは言うまい　一晩、灯の前に坐して涙が止まらない　そこで御仏の書物をすっかり涙で濡らしてしまった　次の日に隣家の老人が私の庵を訪ねてきて　どうしてこの本が濡れているのかを尋ねた　言いたくても言えず、心が乱れた　心が乱れても理由は言えない　うなだれてしばらく考えていると良い言い訳が浮かんだ　夜の雨漏りが本を濡らしてしまった）

この詩の注で、東郷豊治はここでの『永平録』は『正法眼蔵』のことを指すと言っている。良寛がいかに道元の『正法眼蔵』を徹底して読んだかをうかがわせる詩である。読書百遍意自ずから通ず、とか、葦編三絶とか言われるが、良寛の道元に関する読書はこうした言葉がぴったりである。国仙は良寛に自分の知る限りの禅の道を教え、良寛はそれを、全身全霊を以て咀嚼実践したと言っていいだろう。

印可の偈

こうして良寛は、円通寺に入堂して足掛け十二年目の寛政二年（一七九〇）、大忍国仙から印可の偈を与えられた。印可とは師父が弟子の悟境を点検してその円熟が認められた時、弟子の悟境を認可し、証明することであり、偈とは弟子の悟境を詩文の形で述べたものである。

良寛庵主に附す

良《まこと》はまた愚《ぐ》の如く道うたた寛し　　良也如愚道転寛
騰々《とうとう》任運誰か看ることを得む　　騰々任運得誰看
為に附す山形《さんぎょう》　爛藤《らんとう》の杖《つえ》　　為附山形爛藤杖
到る処壁間にして午睡の閑　　到処壁間午睡閑
寛政二康戊冬　水月老　仙大忍　（花押）

水上勉はこの偈を次のように訳している。

「良よ。お前は一見愚の如くにみえるが、いまやお前が得た道は、どうころんでも揺るがぬひろい道だ。お前の到達した任運騰々の境涯を、いったい誰がふかくのぞくことが出来ようぞ。わしはお前の今日の大成を祝って、一本の杖をさずけよう。ありふれた自然木の木切れにすぎぬけれど、この杖は今日からお前が大事にしなければならないものだ。さあ、どこへ出かけてもよい。到るところにお前の世界がある。どこでもよい、お前の部屋の壁に立て掛けて、午睡《ひるね》するがよい。」

良寛が「どうころんでも揺るがぬひろい道」を見つけたと国仙は判断したから、別の言葉で言えば、悟りを開いたから印可を与えたのであろう。

増谷文雄によれば、悟りとは名利の心を離れた「とき」に得られると言う。そのような「とき」は突然訪れる。『正法眼蔵』は蘇東坡が悟りを開いたときについて述べている。「大宋国に東坡居士蘇軾とてありしは、字《あざな》は子瞻《しせん》といふ。筆海の真龍なりぬべし、仏海の龍象を学す。重淵にも昇降す。あるとき、廬山にいたれりしちなみに、谿水の夜流する声を聞くに悟道す。偈をつくりて常総禅師に呈するにいはく、谿声便是長口舌（谿《たに》の声はそのまま仏の説法にして）山色無非清浄身（山の姿は清らかな仏心に他ならぬ）夜来八万四千偈（夜半にききえたる八万四千偈）他日如何挙似人（さていかが人に語ればよいものか）」

蘇軾は言うまでもなく宋の時代を代表する中国の詩人であり、理智的な思索と繊細な感情が融合して生まれたその作品は独特の味わいに富み、唐代とは異なる新たな文学精神を表現していると評される。その蘇軾が蘆山におもむき、たまたま夜に、谿流の音を聞いて悟りを開いたというのである。『正法眼蔵』はこの他に、香厳智閑禅師が武当山に庵を結び、道路を掃き清めている時瓦が飛んで竹に当たる音を聞いて「大悟」したという話や、霊雲志勤禅師が満開の桃の花を見て「忽然として悟道」した話（「谿声山色」）、釈迦が明星を見て悟りを得、阿難尊者が門前の旗竿が倒れた時に法を得た話（「弁道話」）を記し、「谿声山色の功徳によって、大地と人間が同時に成道《じょうどう》するのであり、明星のきらめきを見て悟る仏たちもありうるのである」と述べている。自然との完全な一体感を得ることが「悟り」であると考えていいのではないか。増谷文雄は『正法眼蔵』の「心不可得・後」の解説の中で、「悟りとはなにか。『万法すすみて自己を修証するは悟りなり』である。諸法の実相、すなわち、一切の存在のあるがままに即してある心、それが仏教の教える心のありようであり、それが心の正常のありようと考える。とするならば、その心を表現するには、それは山河大地であるともなり、日月星辰であるともなり、いま慧忠は、『仏心とは牆壁瓦礫である』と道破したものと考えられるのである」と述べている。

ちなみに林悟堂は『蘇東坡』のなかで、「中国の絵画は、無意識のうちに自然と人間の一体感、並びに、人間存在が渺少《びょうしょう》ではかない一部分でしかないところの、偉大で神秘的な生命の流れとの根本的な一体感を表現している。この意味において、いわゆる印象主義的な中国の絵画は、竹の小枝であろうと、山中の雨や江上の雪であろうと、すべてみな汎神論の饗宴である」と述べる。

さらに、オランダの歴史学者、ヨハン・ホイジンガは『中世の秋』の中で、「あるとき、ドニは、セルトーヘンボスの聖ヨハネ教会にはいっていった。たまたま、オルガン演奏の最中であった。はいったとたん、彼は、その甘いメロディーに心とかされ、そのまま、長いエクスタシーの状態に陥ってしまったという。美に接しての感動が、そのまま、信仰につながるのである」（堀越孝一訳）と述べている。

自然の美もしくは芸術の美に対する感動が何らかの宗教的境地に導くことは間違いない。良寛がこのような体験を味わったことを国仙は理解したからこそ印可の偈を与えたのであろう。

ちなみに、道元禅師は天童如浄禅師の下で修行していた時、座禅の最中に隣の坊さんが居眠りをしているのを見た如浄禅師が「只管打坐の際に居眠りとは何事か！」と叱責し、いきなり警策《きょうさく》でその肩をぴしゃりと叩いた音を聞いて、豁然《かつぜん》として心身脱落したと言われている。

こうして和尚位を得た良寛は、それ以前に円通寺の中の国仙が管理していた覚樹庵をすでに与えられていた。

四　行脚——行路の難

良寛・国仙・玄透

大忍国仙は良寛に印可の偈を授与した翌年の寛政三年（一七九一）三月十八日、この世を去った。享年六十九歳、時に良寛三十四歳だった。

国仙の死後、豊中の仏眼寺からすぐに弔問に駆け付けた玄透即中が、葬儀終了とともに円通寺第十一代住職となり、半年後の九月十八日に晋山式が行われた。玄透の晋山は国仙の意志であったと柳田聖山は記している（『沙門良寛』）。一方で、北川省一のように、玄透は国仙の弟子ではなく、岡山城主池田治政の意向によって晋山したのであり、円通寺から黄檗色を一掃する目的を抱き乗り込んできており、臨済宗に理解を示していた国仙に「熱湯を飲ませた」と解釈する研究者もいる（『良寛さばなしなら面白い』、春秋社、一九九〇）。松本市壽は、良寛は玄透即中の中に師の国仙にはなかった名誉や地位への欲求が旺盛だったことを見抜いたと述べている（『良寛という生きかた』）。また、水上勉は自分の経験から、大本山永平寺管長の何らかの政治的意図が働いた可能性があると推測している。もちろん私にはどの見解が正しいか判断する力はない。ただ寺院の後継も企業の後継も似たようなところがあるものだ、というごく凡庸な感想を抱くだけである。

しかし、もっとも大事なことは、玄透即中とはどんな人物であったのかということである。玄透は享保十四年（一七二九）、名古屋に生まれた。徳川幕府の統治機構が完備し、政治的安定が強固なものとなっていた天下泰平の時代であった。宗教の分野においても、社会の安定に脅威を与えるとみなされた切支丹、日蓮宗の布施不受派などの宗教勢力が厳しい弾圧によって一掃されつつあり、仏教寺院は宗門人別改帳などの制度を通じて行政機構の一端に組み込まれていた。玄透はこうした時代に成長し、元文元年（一七三六）、七歳の時に曹洞宗の徳厳維馨《とくげんいきょう》の下で出家得度し、二十歳前後で頑極官慶に師事し、二十七歳で印可証明を受けた。その後、鈴鹿の正安寺、名古屋の新豊寺、美濃の善応寺、豊中の仏眼寺などの住職を務めたのち、すでに記した通り、寛政三年、円通寺に晋山した。円通寺では、老朽化していた僧堂、伽藍の再興に尽くすとともに、日常における雲水の行動の指針を定めた「円通寺応用清規」を作り、道元の「永平大精規」を開版するなど目ざましい成果を挙げた。行政的手腕に長けた実務家型の僧侶であったと言っていいだろう。

寛政六年（一七九四）には埼玉県の竜穏寺に晋山した。

翌年の寛政七年、大本山永平寺の請いを受けて、九月十日晋山式を行い第五十代住職となり、その任務に辣腕を振るった。火災で焼けた伽藍復興の大事業に早速着手し、完成させた。また、『正法眼蔵』全九十五巻の開版事業を企画し、十六年をかけて文化八年（一八一一）に完成させた。このため、玄透は永平寺中興の祖と仰がれている。

さらに、円通寺においても永平寺においても玄透は、臨済宗の一派であった黄檗宗の影響を徹底的に曹洞宗から排除することを目指したと言われている。黄檗宗は江戸初期に中国から来日した隠元隆琦を開祖とする黄檗山万福寺を本山とする臨済宗の一派だった。座禅を組みながら南無阿弥陀仏と低い声で念仏を唱える、浄土宗的な要素を導入していた。また、「山門を出れば日本ぞ茶摘みうた」という菊舎尼の句に象徴的なように、仏像や伽藍をはじめ修行生活も中国式を多く取り入れていた。

北川省一は、玄透の立場はこうした禅宗内のシンクレティズムを排し、曹洞宗を教義的に純化しようとする立場だったと説く。これに対し、国仙や良寛は黄檗に寛容、というよりその教義を積極的に摂取しようとする立場に立っていたと続ける。北川は「若き良寛もまた、由来、古い体質を温存してきた曹洞宗ではあったが、しかし黄檗禅を取り入れることによって、『一道の生気』が蘇っている円通寺なればこそ、遠路遥々修行に来ていたのに、その一道の光明が今まさに玄透によって打ち消されようとしたのです。唯一人の『痴鈍者』良寛が、『ハイハイ左様ですか』とおとなしく引き下がることが出来たでしょうか。彼はただ一人覚樹庵に立て籠り、脅迫と恫喝にも屈せず、逃げ出そうとはしなかった、と私は考えざるを得ません」と述べ、玄透は良寛を追い出すために「慶長十七年に家康が関東三ヵ寺に布達した曹洞宗法度の第三条『寺中追放の悪比丘（悪い坊主）、諸山において許容あるべからざること』、第五条『諸末寺は本寺の法度に違背すべからざること』の適用を申請したのではないでしょうか。あるいは玄透は、自分が龍穏寺に上って大僧録となった時、自ら管轄下の円通寺に対して、良寛の追放を通達したのかもしれません」（『良寛さばなしなら面白い』）と記している。しかしこれもあくまで推測の域を出ていない。確たる証拠は存在せず、いわば北川の考える「状況証拠」に基づく説である。良寛対玄透の対立が現実に存在したならば、あらゆる宗教の内部で絶えず起きる分派対立である。良寛は仏教にセクトなどないとする立場を貫いていたから、当然、玄透の考えとは相いれない。だが、玄透は道元の『正法眼蔵』の開版を試みている。良寛にとって『正法眼蔵』が座右の書であったことは言うまでもない。それに、私のような素人が見ても黄檗宗の経典である『臨済録』と『正法眼蔵』の中には共通点がある。たとえば「有事《うじ》」の中には「青原も時なり、黄檗も時なり、江西も石頭も時なり。自他すでに時なるがゆゑに修証は諸時なり。入泥入水《にっでいにっすい》、おなじ時なり」とあり、「殺仏殺祖」と言った両者に共通してみられる重要な用語が存在する。道元は黄檗を明らかに認めていると言えよう。この点について増谷文雄は、臨済が力を得ていた宋の国から帰ってきた道元は、曹洞宗の流れを汲む如浄によって「大事を了得」してきたが、「それにもかかわらず、道元の臨済に対する関心はなお、けっして萎んでしまったわけではなかったようである。『正法眼蔵』をひもといているとそのことがよく解る。彼はそこでも、たえず臨済について筆を運んでいるのである。念のため、その頻度を数えてみると、実に四十六回にわたって、臨済に言及し、臨済を論じているのである」と述べている。もっとも増谷は道元が年を経るに従って、臨済に厳しい態度を取るようになって行ったことも述べている。この議論に私ごときが深入りするのは危険だが、良寛と玄透が教義において根本的に相いれない立場にあったと考えることにはやや無理があるのではないか。どちらも道元の『正法眼蔵』を重視しているからだ。

良寛の行脚と父以南

しかし、良寛は玄透の晋山後間もなく、あてどのない行脚の旅に出る。そこで柳田聖山と北川省一の二人の間のこの問題についての解釈の決定的対立が生まれると考えられる。柳田説と北川説の相違に決着を付ける決定的証拠はいまのところ存在しない。

だが、良寛が玄透の晋山後に円通寺を離れ、行脚の旅に出たことは事実である。これをどう説明したらよいのだろうか。

私は良寛が円通寺を出たことと、良寛の父以南の行動とが深く関係すると考える。幕府は寛政一年五月、朱子学以外の学問を禁じた、いわゆる「寛政異学の禁」を発布する。この禁令によって『開国兵談』を書いてロシアの南下策に警告を発し、開国と国防の要を説いた林子平は獄舎につながれ、尊王運動の先駆者であった高山彦九郎は自殺に追い込まれた。幕府は多くの隠密を放ち、「異学」の徒を探り、捕縛した。

良寛の父、山本以南は天明六年（一七八六）家督を次男の由之に譲り隠居、寛政三年、良寛が認可の偈を得た年に勤王の志を抱き、上洛している。皇室の衰微を嘆いた『天真録』という著書を残したと伝えられるが、その本は現存しない。しかし、勤王の士であったことは間違いないようである。『北越偉人沙門良寛全伝』には、京都の住人である「竹巣月居」なる人物によって記された「天真仏序」と題された、以南の桂川投身自殺を悼む小文が収録されている。さらに貞心尼の『蓮の露』によると、桂川に投身自殺したという説と高野山に上ったという説がある。このどちらが正しいかはもはや明らかに出来ないであろう。良寛自身がはっきり分からないのである。「木村家文書」には「山本橘左衛門泰雄は三島郡与板町商賈荒木某が次男にて、新左衛門の嗣子となり、天真録を著し、寛政七年卯年七月二十五日洛西桂川に沈んで没す云々」とある。ここから推測すれば、以南は明らかにその勤王思想のゆえに「寛政異学の禁」に触れ、死ぬか身を隠すかしかなかったのであろう。

もともと越後は尊王論の強いところで、新潟町の竹内式部は先にも記した通り、明治維新の志士たちに指針を提供した浅見絅斎の『靖献遺言』を門下生に熱心に講じ、幕府は天皇政権の簒奪者であると論じ、その支配の政治的正統性に疑義を呈していた。著書『奉公心得書』も天皇神格化を説いたものであった。幕府は当然こうした動きに目を光らせ、宝暦六年（一七五六）、上洛していた式部は京都町奉行所で取り調べを受け、式部が集会を主催することを禁じられた。その後幕府の弾圧はさらに強まり、式部は重追放の処分を受け、京都から追放され、消息不明になった。

以南にその影響があったことを想像することは難くない。西郡久吾が、「寛政年間は西に名君光格天皇あり、東に賢相松平定信あり、野には先に竹内式部・山縣大弐・藤井右門の志士ありし以来三奇士を出し、尊王論勃興の時代にしあれば、老中の政策等より煩累の一身に纏はるは辞せずとするも、天朝を煩はし奉らん事を恐れ、隠遁せしは高山正之の久留米に自尽せしと、行為は異なりしも動機は同じかりしもの有りしならんも、今其幾微を詳悉せざるを遺憾とす、松平定信老中在職は寛政六年より九年迄にして、竹内式部の追放は宝暦九年五月六日、林子平の幽囚は寛政四年、其死は高山正之自尽と共に寛政五年の事に属す、以て以南憤死の参考となすべし」（西郡久吾『北越偉人沙門良寛全伝』、思文閣、一九七〇復刻）と述べていることも有力な傍証となるだろう。

また、山本家・橘屋の歴代の当主は石井神社の神官を名主の仕事のかたわら勤めていた。石井神社は社領五十石と言われ、ご神体は出雲大神だった。以南は、当然神道には詳しく、当時勃興しつつあった国学の動きにも、尊王思想の興隆にも敏感であった。以南が竹内式部の尊王運動に共鳴したのも必然である。以南の上洛は勤王の志士と連絡を取り、尊王運動に加わることを目的にしていたとしか考えられない。良寛研究者のほとんどが濃淡の差はあれ、この説を肯定している。

弟の由之もまた良寛に似て家業の経営には向かず、橘屋は潰れ、所払いの目に遭っているが、国学に対する造詣は深く、歌や書にも優れていたことが知られている。さらに、末弟の香は字を澹斎と号して博学多才、若くして京都にのぼり、宮廷の詩会にも出席を許されるほど優秀だったが、寛政十年（一七九八）三月に、二十七歳の若さで死んでいる。高橋庄次『良寛伝記考説』には、「澹斎しばらく浮屠に逃れて、洛中の五山に遊ぶ。一日、車駕、東福寺に幸す。制に応じて詩を賦す。叡感すこぶる篤く、徴して内廷にあること一年ばかり、後、世を厭いて桂川に投ず」（原漢文）という巌田洲尾《いわたしゅうび》の『萍踪録《ひょうそうろく》』の中の澹斎についての記述を引用している。香が世を厭う原因は何だったのか、やはり尊王運動と結び付けて考えられる。

こうした事実を総合して考えると、良寛もまた尊王運動に深く関わっていると幕府に疑われ、その行脚も志士の間の連絡のための偽装と勘繰られてもやむを得なかっただろう。

それだけ良寛一族の尊王の志は篤かったのである。良寛に次の一首があることも彼の尊王の志が篤かったことの傍証になるであろう。

すめらぎの千代万代の御代なれや花の都に言の葉もなし

この説は北川省一、西郡久吾らによって唱えられたものであるが、私にはもっとも説得力のある説である。北川は「中越地方の（国学者たちの）渦巻きの中心に托鉢僧良寛がいて、あたかも非合法組織のレポみたいな存在だったのではなかろうか」とまで言う（北川省一『良寛　その大愚の生涯』、東京白川書院、一九八〇）。しかし、私は、良寛は尊王運動にある程度の思想的共鳴はしていたかもしれないが、実践運動にはまったく関係していなかったと考える。「非合法組織のレポ」など良寛のような人間に出来るわけがないと考える。

乞食僧良寛の誕生

曹洞宗も宗門として、事実か否かはともかくとして、良寛に対する幕府の嫌疑、もしくは猜疑を無視することは難しかったであろう。良寛が宗門に属する限り、幕府の弾圧は必至である。日蓮宗の布施不受派の幕府による弾圧の過程は身近な実例である。良寛も自分に掛けられた嫌疑を晴らすことは難しかったと私は考える。そこで、良寛は宗門を離れ、行脚の旅に出ることを自ら選んだ。寺院を持たぬ、行脚に明け暮れる乞食僧、良寛の誕生である。玉島円通寺を出て、越後に帰るまでの五年間、良寛は何を思い、何を考え行脚の旅を続けたのか、誰も知ることは出来ない。ただその空白の五年の間に、良寛は宗教観、人生観を鍛え、磨いたことだけは確かだと言っていいだろう。

この空白の五年間については様々な憶測がなされているが、何らかの根拠があるものは良寛が土佐の草庵で一人暮らしていたという近藤万丈の『寝覚めの友』にある記述だけである。万丈は江戸末期の国学者・歌人で、玉島の住人だったが、日本各地を旅したのちに江戸で暮らしたと伝えられる。この期間の良寛について語られる際に必ず引きあいに出される周知の逸話ではあるが、ここでも高橋庄次が『良寛伝記考説』で引用している井上慶隆が原文から直接翻刻した文章に基づき、紹介しておこう。

万丈が土佐の国を訪ねた時、城下から十キロほど離れたところで激しい雨に降られ、おまけに日が暮れ始めていた。街道から二百メートルほど離れた山の麓にある粗末な草庵が目に留まったので、訪ねて行き、一晩泊めてくれるように頼んだ。一人で囲炉裏の傍にいた色の白い痩せこけた顔の僧が出てきて、食べ物も風を防ぐ衾《ふすま》さえもありませんよ、と口にした。雨さえ凌げればそれだけでいいのですと言って、強引に頼み込んで夜中まで二人で囲炉裏を囲んでいた。僧は最初に口をきいてから後は、黙ったままで、座禅をすることもなく、寝るわけもなく、念仏を唱えることもせず、どんなに話しかけてもただ微笑するばかりだった。万丈はこの僧はおそらく頭がおかしいのだろうと思った。その夜は囲炉裏の傍に寝て、明け方になって目が覚めると、僧も囲炉裏の傍に手枕をしてぐっすり寝ていた。

すっかり朝になっても雨は昨晩より強く降り続けており、とても出かけられるような状態ではなかった。そこで晴れるまでとは言わないが、せめて小雨になるまで置いてくれないかと言うのに対し、いつまでいても結構ですと応じてくれたことは昨日泊めてくれたことにましてうれしかった。昼近くになると、麦の粉を湯にかき混ぜて食べさせてくれた。草庵の中を見回すと、木彫りの仏がただ一つだけあり、窓の下の小さな机の上に本が二冊置いてあるだけで、他に何一つ目に付くものはなかった。どんな本が置いてあるのかと机の上の本を開いてみると、唐の時代に刻印された『荘子』だった。その本の中にこの僧が創ったと思える古い漢詩を草書で書いてある紙が挟んであった。万丈は漢詩について学んでいなかったので、その作品の巧拙は分からなかったが、草書の文字は目を見張るほど見事なものだった。そこで、笈《おい》の中にあった扇を二本取り出して、賛を書いてくれるように頼んだ。僧はすぐに筆を執った。一つの扇には梅と鶯の絵、一つには富士山の絵を描いたが、その賛については、万丈は忘れてしまったが、富士山の絵の賛の終わりに「これを描いたものは、越後で生まれた了寛である」とあった。

その日の夕暮れになっても雨は一向に止む気配がなかったので、その夜も昨日と同様、僧と一緒に囲炉裏の傍で寝たが、翌朝になると雨はすっかり晴れ上がり、陽の光が輝いていた。昨日と同じように麦の粉を食べて、二晩泊めてもらったお礼に少しばかりの金を渡そうとしたが、どうしても受け取ろうとしなかった。その気持ちを大事にしたかったので、お金の代わりに紙と短冊を贈呈したところ、喜んで受け取った。

この話はいまから三十年以上も昔のことになるが、最近、橘茂世とかいう名前の人物の『北越奇談』という著作を読んで、了寛は越後の国（その地名は忘れてしまったが）の橘何某という立派な家の長男であることが分かった。

これは近藤万丈の文章の私による現代語訳であるが、私もこの文章に登場する「了寛」はまず良寛と見て間違いないと思う。

この文章に良寛と思しき僧が唐の時代に刊行された『荘子』を机の上に置いていたとあるところから、良寛が荘子の影響を深く受け、隠遁者として歌と詩の制作に生きがいを求め、『正法眼蔵』の正統性から逸脱した人生を選んだと説く、吉本隆明のような論者が存在する。しかし、これは森三樹三郎が『老子・荘子』で述べているように禅宗がその出発点において老荘思想の影響を受け、直観を重視した点に、円通寺で国仙に導かれた良寛が注目し、『荘子』を学んだと解釈できる。良寛の後半生を遁世と見るかあくまで現世とのかかわりを重視した求道の一形態と見るかで解釈は随分変わってくる。私は良寛が後半生においても現実社会への強い関心を失わず、救世済民の歌を詠んでいることに照らして、後者の立場に立つ。

ちなみに『真人良寛』(萬松堂書店、文武堂書店刊、一九一八年七月)において、池田雨工は「吾人は仏教、就中曹洞派を深く研究せる禅師が、習得せる仏学の知識を以て老荘を読み、老荘を読みて得たる知識を以て、また仏典の吟味に入れるの必然を、想わずんば非ざる也」と述べた後、「されど研究者は必ずしも其の心酔者に非ず、老荘を研究せると、その信徒たるとは自ら別問題に属す、又仮へ其の学徒一に数ふべしとするも、必ずしも先人の糟粕をのみ、嘗めたるに過ぎずとは解す可からず、即ち藍より出で尚藍より青きものあるべく、或いは他の説と打して一丸となし、前者未発の知見に入り、前者の痕跡を些も止めざる者もあるべし。殊に禅師の如き宏大の人にありては、千河万流を其の腹中に吞み収め、自己大海の一滴と、なせしやもしるべからざるなり」と説いているが、私はこの池田雨工説に全面的に賛成したい。キリスト教徒ではないが『聖書』の読者である日本人が大勢いるのと同じである。池田はさらに良寛は四書五経を味読していたが、とりわけ『論語』を愛読し、その心を捉えた章句を抜き書きした書が残っていることを記している。日常の心得を記した「戒語」がこの抜き書きをもとにしてなったとも述べている。しかし良寛の枕頭の書が『正法眼蔵』であったことはここで繰り返すまでもない。池田雨工は早稲田で同郷の相馬御風と知り合い、詩人で翻訳も行っていたが、後に郷土史研究家として知られ、『越後古代史』を残した碩学である。

また、万丈の文章によって、良寛は円通寺を出て以来、四国を托鉢して歩いていたという見解が生まれるのであるが、円通寺を出て以来ずっと四国を旅していただけではない。この他にも良寛の円通寺を出て以後の足跡については、諸説あるがどれも確実だと言えるだけのものはない。どうしても推測や想像に頼らざるを得ないところがある。しかし、なかなか興味をかきたてる説もある。たとえば、良寛憧れの曹洞宗発祥の地である清国への渡航説、癩患者の療養施設の建設説などがそれである。

良寛の行脚と社会的関心

清国渡航説は柳田聖山が『良寛　漢詩でよむ生涯』の中で論じている。良寛が渡清の計画を抱いていたことは多くの研究者が指摘していることだが、実際に清に渡ったという説を大胆に打ち出したのは柳田聖山が初めてではないか。もちろん、柳田も確証を出しているわけではない。自分の推測を述べているだけであるのだが、良寛はもちろんのこと、禅宗全般というより仏教全般に造詣の深い柳田が力説しているだけに興味をそそられる。柳田は良寛について多くの著書、共著を出しているが、良寛渡清説を強く打ち出しているのは、先に挙げた『良寛　漢詩でよむ生涯』

である。
柳田は国仙死後の良寛の行動について、「国仙が亡くなった後、良寛はいったいどこにいたのでしょうか。記録のない六―七年を、どう補うか非常に興味のあるテーマですが、私は中国に渡ったのではないか、と考えています」と述べ、良寛の漢詩の中に「中国の匂い」を嗅ぎ取り、「中国の山河を行く良寛」を空想する。その漢詩の柳田訳と原詩を紹介する。

川の流れは、動くともなく動いて、この国を春が去る　大江茫々春已尽
柳の花が舞いおりて、僧衣に斑点を点ける　楊花飄々点衲衣
船頭の鳴らす笛が、深いモヤを貫いて聞こえる　一声漁笛杳靄裡
いい知れぬ胸の思いを、誰が払ってくれるだろう　無限愁腸為誰移

柳田はこの詩の中の大江は信濃川や木曾川ではなく長江、つまり揚子江を連想させると述べ、これは中国の大地を踏んで成ったもので、日本の短詩型文学の伝統である机上旅行では得られぬ趣があり、中国の友人に見てもらうために筆を執っている良寛を空想すると述べている。また、明州普陀落山に参詣し、法華の古道場天台山などにいたかもしれないと空想の翼を広げる。しかし、一転して良寛は名君と言われた乾隆帝の治世にも民衆は不満を抱き始め、革命軍が動き出している中国社会に批判的になり、同時に中国仏教の末期的なところを見たと論じている。そして

「末期的な日本仏教を出ようとして、望みを托した中国の現実に、打ちひしがれてしまったのです」と結論を下す。私には柳田のこの説はまことに面白い。私の友人で竹内好に師事し、文化大革命中の中国に五年留学した男がいるが、毛沢東思想の開花に期待して行った中国に、当初抱いていた中国社会のイメージとはまったく無縁な現実を見て深く失望、中国社会の鋭い批判者に転じた。柳田のこのくだりを読んでいて思い出したのはこの男のことである。曹洞宗と毛沢東思想はまるで違うが、本場の思想と現実の落差に失望するという心理的構造は同じである。近代の日本人が西欧を訪れ、西欧の思想と現実の落差に絶望したという心理的パターンを、柳田は良寛の渡清に投影していると思えてならない。この意味で柳田の良寛渡清説は日本の近代知識人論と重なってくるところは面白いが、現実的根拠はやや薄弱で、説得力に欠けるところがあるように思える。

また、石田吉貞は『良寛　その全貌と原像』の中で、漱石の良寛の漢詩評に触れて次のように述べている。「夏目漱石は知人に宛てた書簡に『上人の詩はまことに高きものにて、古来の詩人中匹少なきものと被存候へども、平仄などは丸で頓着なきやにも被存候』といっているが、良寛詩の批判はこれに尽きるといってよいと思う。『まことに高きものにて、古来の詩人中匹少なきもの』、真に詩の分かる人はすべてこういうであろう。しかし、詩が分からないで、規格にはまったものだけが詩だと思っている人々は、昔もいまも何やかや文句をつけるにちがいない」と述べているが、私もその通りだと思う。しかし、良寛がもし中国に渡って中国の友人に柳田のいうように教えを乞うていたら、平仄についてやかましく言われたであろうと思う。そうしたら、帰国後の良寛詩に、何らかの技術的変化が生じていたのではないだろうか。この点からしても良寛渡清説ははなはだ魅力的ではあるが、リアリティーは希薄だと考えざるを得ない。もっとも、良寛はきちんと平仄を踏んだ詩を作ることも出来た。

柳田は同じ『良寛　漢詩でよむ生涯』で、癩病人の療養施設の建設について触れているがこちらの方が私には渡清説よりもはるかにリアリティーが感じられる。北川省一も『漂泊の人　良寛』の中で、良寛に癩病院建設の意志があったと、一高の学生だった山崎良平が校友会雑誌に発表した論文「大愚良寛」を援用して主張する。

癩病（ハンセン病）はプロミンの静脈注射投与、ＤＤＳ経口投与によって現在では完全に治癒する病気である（犀川一夫『ハンセン病医療ひとすじ』、岩波書店、一九九六）。また、感染力も結核などに比べるとはるかに低い。しかし、完治する薬剤を使い始め、その効果がはっきり確認できるようになってから以後も、日本では厚生省によって、病人を社会から引き離し、僻地や島に作られた収容所に強制的に隔離する方針がとられ続け、ＷＨＯなどからの批判の対象になっていた。らい予防法が廃止されたのは、なんと一九九六年である。世界で最後まで癩病患者の人権を無視し続けたのが日本の厚生省である（徳永進『隔離　故郷を追われたハンセン病者たち』、岩波書店、二〇〇一）。

光田健輔が中心になって「祖国浄化」の名目で強制隔離と男性患者の強制断種が始まったのは

昭和六年（一九三一）に「癩予防法」が制定されてからのことだった。近代の日本では主として外国人のキリスト教宣教師の手によって救癩事業が進められていたが、多くの患者は放置され、江戸時代から続く状態のまま、神社の境内や寺の参道などで物乞いをして暮らしていた。しかし、患者の自由意志は認められていた。もちろん、差別される対象であったことは言うまでもない。

良寛の時代には癩患者は非人身分に落とされ、寺社の近くで暮らすことになった。京都の清水坂がその代表格で、働くことが嫌いな浮浪者とみなされ、また特別に性欲の強い家系に見られる遺伝病だという偏見が生まれた（酒井シヅ『病が語る日本史』、講談社学術文庫、二〇〇八）。しかし、良寛は、平安末期に熱心な仏教徒であった光明皇后が救癩事業に取り組んだ故事に倣い、癩病患者の救済施設を作ることを願うようになった。その気持ちが明確に表現されているのが次の漢詩である。

非人八助

金銀官禄還天地
得失有無本来空
貴賤凡聖同一如
業障輪廻報此身
苦哉両国長橋下

金銀　官禄　天地に還る
得失　有無　本来　空なり。
貴賤　凡聖　同じく一如
業障　輪廻　この身に報ゆ。
苦しいかな　両国長橋の下

帰り去る　一川流水の中　　　　帰去一川流水中
他日　知音　もし相問わば　　他日知音若相問
波心の名月　主人公　　　　　波心名月主人公
（金銀も地位も財産も天地に還ってしまう　損得も貧富ももとをただせばただ空に帰する　貴人も賤民も凡人も聖人も人間に変わりはない　過去の罪業が回りまわって自分の身に帰ってくる　苦しかっただろう長い両国橋の下で　非人の八助が川に流され命を失ったことは　いつの日にか心を許した友がもしこのことを尋ねたら　川の真ん中に映っている月が八助だと答えよう）

この詩の中の「業障輪廻」という言葉から、八助が癩病にかかっていたことが推測できるが、八助という人物がどういう人間だったのか、また良寛とどうして親交を結ぶに至ったかは分からなかった。しかし、柳田の『良寛　漢詩でよむ生涯』はこの間の事情を明らかにして間然するところがない。

柳田は、国立療養所栗生楽泉園の第五代園長でハンセン病研究・治療の第一人者であった小林茂信がその著書『中居屋重兵衛とらい』（皓星社、一九八七）の中で、群馬県の草津温泉付近に伝わる、八助稲荷大神の伝説を基に、良寛の漢詩に登場する「非人八助」の正体を明らかにしているという事実を紹介する。

草津温泉はハンセン病に効く温泉として昔から有名だったので、多くの患者が集まり、また治療施設も多数存在した。中居屋重兵衛は、室町時代から幕末まで続く救癩活動家の祖先であったが、代々「三原の黒岩氏」を名乗り、有道を姓としてきた。この一家には天皇や将軍をはじめ各時代の名士が神号を呈し、生き神様として尊崇してきた。草津の八助稲荷もそうした生神を祀る稲荷の一つだった。

たまたま草津に湯治に出かけた良寛は救癩活動に身を挺している癩を病んでいた八助と知り合いになり、その後江戸に出た八助とも度々再開し、親交を深めた。江戸に出た八助は両国橋を預かる河太郎で、大雨の降った日に橋を守る仕事をしていて川の水に呑まれ、流されてしまったのだろう。柳田はこうした事実を小林の著書に依拠して述べた後にこう記す。

「ハンセン病患者を差別視する、旧社会の構造そのものに、良寛が激しい憤りをもっていて、その死を動機に書かれたのが、『非人八助』だとする所説に私は共感を新たにするのです。くり返しいうように、良寛は人々に説法したり、葬儀を行うことはなかったが、非人八助の死に対しては、どうしても座視できなかったのではないでしょうか。越後からはるばる、自作の詩を贈ったに違いありません。」

良寛が差別に怒りを抱いていた事実が伝わってくる挿話である。良寛が自分の悟達のみを追求した人物ではなく、社会の不条理に対し怒り、その改革を希求する社会的関心も旺盛であったことがうかがえる。ちなみに、良寛の死後、布団の下に四十両という大金が敷かれていたという話がある。身近な人々は葬儀のために残した金だと考え、壮大な葬儀を挙げて良寛を弔ったが、果たしてそれが良寛の真意であったか否かに疑義を呈する研究家もいる。良寛は、越後に戻ってからも癩者救済の祈願は捨てず、四十両という大金は癩者の救済施設建設のための基金だったのではないかというのである。私もこの説に賛成である。「襤褸又襤褸」の生涯をおくった良寛が豪華な葬儀を願うはずがないと考えるからである。

　良寛はまた台風によって、過酷な労働の結果得るはずの一年間の収穫を失った農民の嘆きを「一朝地を払うて耗《むなし》」と詠み、長者が零落した時の世間の冷たさを「十か年を過ぎざるに、牆《かき》は荒れて、荊棘《けいきょく》生ず」と述べ、華やかな衣装をまとい媚びを売る娼婦たちの老年の落魄に「歳暮何の待つところぞ、首を掻いて凄風に立たん」と思いを馳せる。しかし一方で、三条地震の後で、「久しく太平に褻《な》れ、人心堕地す」と太平の世に馴れおごり昂る人々への地震は天譴《てんけん》であると厳しい言を吐く。厳しい求道の心とともに良寛は深く鋭い社会的関心を死ぬまで失わなかったと言えよう。良寛は浮世を捨てることによって浮世を深く洞察するという逆説を生きたのではないだろうか。

五　郷里に帰る

越後への帰郷と帰路

良寛がいつ、いかなる心境で故郷の越後に帰ったのか、正確なことは誰にも分かっていない。ここにも良寛の生涯の深い謎がある。谷川敏朗は「……いまだ十八年に過ぎざるに、家破れ荊棘生ず」の詩から、故郷を出てから十八年後と推測しているが、「二十年来故郷に帰る、旧友零落事多く非なり」という詩もあり、どちらを採るかはそれぞれの読者に委ねられていると言っていいだろう。谷川敏朗は良寛研究の専門家であり、実に綿密な考証を行っているのだが、それでもはっきりした結論は得られないのである。結局、良寛の漢詩に頼るほかない。私は「二十年来故郷に帰る」とはっきり良寛が「故郷に帰る」という言葉を使っているだけに、二十年後説を採りたいが、柳田聖山（『沙門良寛』）、高橋庄次（『良寛伝記考説』）、北川省一（『良寛』）、入矢義高（禅入門

12『良寛　詩集』)、宮栄二(『良寛研究論集』、象山社、一九八五)という良寛研究の錚錚たる諸家が十八年説を採っているのに鑑みて、十八年後に従うことにする。「二十年来故郷に帰る」は作詩上の音調の良さを考えた四捨五入であるかもしれない。結局、良寛は円通寺を寛政三年(一七九一)に出てから、諸国を行脚し、五年目の寛政八年(一七九六)にようやく故郷の越後に帰りついたことになる。

高橋庄次は寛政七年(一七九五)に、良寛は弟の星海こと宥澄が住職を務めている円明院で行われた、九月十四日の亡父以南の四十九日の法要に参列していると述べる。円明院は言うまでもなく出雲崎にある橘家の菩提寺である。高橋はその証拠として良寛の「我世間の人を見るに/総て愛欲の為に籌《はか》る……苦しい哉　三界の子/何れの日か休せんことを知らず/遥夜つらつら思惟し/涙下りて収むること能わず」を挙げ、この詩の落款によれば、まぎれもなくこの詩が以南の四十九日当日に円明院で作られたものであることが分かると断言する。そしてこの日が契機となって良寛は越後に戻ることを決意し、一旦、玉島に戻り再び出雲崎を目指したと述べている。これもしかし諸説あり、高橋説が全面的に正しいと断言することは出来ない。良寛が父以南の四十九日に出席したか否かについてさえ、確証はない。私のような頭の雑な人間は、各種の良寛研究を読めば読むほど混乱してくる。そこで、良寛が父の四十九日に出席するために一度越後に戻り、また玉島に引き返し、再度越後に向かったという説もあると言うにとどめる。

さらに、良寛がどこからどういう経路で越後までたどり着いたか、その行程についても正確なことは分からない。研究者たちもわずかな根拠を手掛かりに、推測を重ねるだけである。諸家の研究の結論を読むと、それぞれ推測による異なった帰郷の経路を提示しており、ますます私の混乱は深まる。結局、帰郷の件に関しても良寛の残した漢詩と歌に頼る以外に方法はないということになる。

そこで『草堂貫華集』の中で、内山知也が小林存『弥彦神社　附・国上と良寛』を援用して提出している説に私の考えを加え、自説とすることにする。玉島円通寺を出た良寛はまず大坂に出て南河内郡にある弘川寺に行き西行法師の墓に詣でる。その後、高野山に登り次の一首を詠む。

紀の国のたかぬのおくの古寺に杉の雫を聞きあかしつつ

相馬御風はこの高野山詣でが以後の良寛の人生を決定付けるほど重要であったとして「此の静寂神厳なる霊山に於ける瞑想黙思の刹那こそ、良寛その人の生涯にとりての最も意義深きターニングポイントを示すものではなからうか。帰郷以後の彼の生活の上に時を追うてますますほがらに検証されて行った隠遁の積極的意義が、始めて真実に彼に把握されたのは、正にその刹那に於いてではなかったらうか」（『大愚良寛』）と記している。たしかにこの真言密教の霊山は良寛の時代に比べ、俗化が大いに進んだとは思うが、いまも多くの人を惹きつけ、寺院とその背後に茂る鬱蒼たる杉の森は日常生活では得ることの出来ない生死にかかわる思考へと誘ってやまず、身も心も洗われる思いを深くさせる。良寛が高野山で人生の転機を得たという御風の理解は無視できない。

さらに松村恵介『大愚良寛』は「以南は入水に先立ち、高野山に詣で、『幾年か後、良寛と申す沙門が、西国から私を尋ねて参ります故、その節はこれをお渡し願ひます。』と書くと一封の書状を托して去ってゐる。これは、良寛が先年帰国した折、父との間に何らかの黙契があったことを裏書きするもので、父の訃を聞いた良寛がその帰途高野山に立ち寄り、その書状を受け取っている事実からも推断せられる」と述べている。これは良寛と尊王思想との関係を推測させる有力な記述であるが、典拠が示されておらず、松村の臆断の可能性も捨てきれない。

ただ、この歌の中の「たかぬのおくの古寺」についても諸説あり、地名という点ではほぼ一致しているが、摂津の国(大阪府)の古義真言宗、高台寺とする説、播磨の多加野村の天台宗晋光寺とする説などである。私は「紀の国」つまり和歌山県に聳える高野山の奥の「金剛峯寺」と断言してもよいと考えている。なぜなら良寛には高野山を詠んだ「高野道中衣を買わんと欲して直銭なし」と題した詩が存在し、また、「中元歌」の中に「滴涙遠望紀水墳(涙とともに遠く偲ばれるのは、紀州の高野山である)」という一行があるからだ。

その後、良寛は京都を経由して中山道を通り、いったん江戸に下り、江戸から信州路に入り善光寺に至り、さらに糸魚川に出て越後路に入ったという説を採る。『草堂集貫華』の詩の配列がこのようになっているからである。また、小林存は『弥彦神社　附・国上と良寛』の中で、中山道に入り、「これより暫時江戸に遊び、重ねて善光寺を経て糸魚川街道に出て、二十年ぶりにてなつかしき越路の浜に帰着したりしものの如し」と述べている。伊勢からこの時以外に良寛が江戸を訪れた機会はなかったと考えることはごく自然に思える。良寛自身の書いた詩を信じることがもっとも良寛に近付く道であるという私の信念にも合致する。

「人をへだつる心」を捨てる

京都を出て中山道を下って江戸に出た良寛は、両国橋におもむき、癩病の療養施設の建設をともに夢見た非人八助の菩提を弔っただろう。隅田川に写る宵の月を眺めているうちにすでに引用した「非人八助」の詩が良寛の心には浮かんでくる。「波心名月主人公」（川面に映る名月が八助だ）という切ない叫びを、川面に映る月を眺めながら、良寛は心の中で繰り返していたに違いない。

いかなるが苦しきものと問うならば人をへだつる心と答へよ

この一首も明らかに、当時もいまも社会に存在する不条理な差別、「人をへだつる心」に対する良寛の静かな怒りの表現と解してよいだろう。靴の痛みは履いたものにしか分からないと西洋の哲人は言っている。出雲崎の名門の長男として生まれた良寛は、乞食僧として諸国を遍歴する間に、たびたび差別を受け苦しんだと考えられるが、それだけではなく八助のような人間と接することによって、差別について敏感にならざるを得なかったに違いない。私の貧しい人生経験の中でもたしかに言えることは、第一級の人間はけっして差別をしないということである。これは思想的立場や社会的地位などとはまったく関係なく言えることである。癩者を友として暮らした良寛に多くの人が今日に至るまで傾倒してやまないのは、ごく自然に良寛が「人をへだつる心」を捨て去ったことにあるだろう。

江戸を出た良寛は長野善光寺に向かうが、旅の過程で荒寺に泊まったり、野宿をした日々があったことは間違いない。歌にも詩にもそうした作品がある。

いづこにか旅寝しつらむぬばたまの夜半の嵐のうたて寒きに

冬近い夜に寒さにふるえながら一夜の宿を探す良寛の姿が浮かんでくる歌である。東郷豊治編著の『良寛歌集』のこの歌の一首前の歌の詞書には、十一月のころ、蓑一つ着た旅人が良寛の宿舎の前で物乞いをするのを目にして、自分の古着を脱いで与えた、その夜には木枯らしが激しく吹いた、とある。良寛が『正法眼藏』と並んで愛読した『法華経』の「薬王品」に出てくる「薬王菩薩の焼身供養」、あるいは『金剛明経』の「捨身品」の中の餓えた虎の子供に自分の体を食べさせる薩埵《さった》王子の「捨身飼虎」の物語を思わせる行為である。「捨身飼虎」の物語は法隆寺の玉虫厨子の台座の漆絵にも描かれているし、亀井勝一郎はこの物語を小説にしている。

次の詩もまた良寛の旅の過酷さを偲ばせる。

投宿す　破院の下　　　　　投宿破院下
孤燈　思い　凄然　　　　　孤燈思凄然
旅服　たれかために乾かさん　旅服孰為乾
吟詠して　いささか　みずから寛《ゆる》うす。　吟詠聊自寛
雨声　ながく耳にあり　　　雨声長在耳
枕を欹《そばだ》てて　暁天に到る　　欹枕到暁天

(荒れた寺を一夜の宿として　一本の蠟燭の灯に言い難い淋しさを感じる　雨に濡れた私の旅の衣を誰が乾かしてくれよう　詩歌を吟じて少しばかり寛ぐが　降りやまぬ雨音がいつまでも耳に残り枕を気にしているうちに夜が明けてしまった)

廃寺に近い寺の一室でいつまでも降り続ける雨の音を聞きながら、眠れぬ夜を過ごす良寛の姿が目に彷彿とする。こうした夜を良寛は幾夜過ごしたであろうか。

初冬の信濃路をたどり、やがて良寛は善光寺に到着する。善光寺は言うまでもないが、七世紀に阿弥陀如来坐像を本尊として現在の地に造営されたと伝えられる、長野を代表する天台の名刹である。今日も「善光寺参り」と呼ばれる参詣者が絶えない。良寛は十八年前、出雲崎の光照寺

で大忍国仙から受戒を受け、大愚良寛の法号を得た後、国仙一行に従って、玉島の円通寺に向かったが、その途次、一行とともに善光寺を訪れている。良寛にとって善光寺は曾遊の地であるとともに、師の国仙を偲ぶ場所でもあった。

再遊善光寺

かつて先師に随い　この地に遊ぶ　　曾従先師遊此地
首を回せば　悠々二十年。　　回首悠々二十年
門前の流水　屋後の嶺　　門前流水屋後嶺
風光　なお　旧事の妍に似たり。　　風光猶似昔日妍

(かつて師の国仙に随って　長野の善光寺に詣でた　顧みればあの時からはるか二十年が過ぎた　門前に流れる水も寺院の背後の山々も　目に映る景色は美しかった昔のままだ)

二十年前のままの善光寺とその周辺の風景を眺め、良寛は感慨に浸る。彼は何を考え、何を思っていたのであろうか。求道の精神に燃えて仏道に入った青年良寛は、いま印可の偈を得て、不惑を迎えた乞食僧となって、故郷への道をたどっている。それに、善光寺は天台宗の寺であるのに、なぜ、曹洞宗の僧侶である国仙や良寛がわざわざ立ち寄ったのであろうか。それは道元が明らかにしてくれる。『正法眼蔵』の「仏道」の巻で、道元は「大宗国の仏法さかんなりしときは、

五宗の称なし」、「仏道におきて、各々の道を自立《じりゅう》せば、仏道いかでか今日にいたらん」、「仏祖正伝の大道を、禅宗と称すべからずといふこと臨済宗といふことを。さらに禅宗と称すること、ゆめゆめあるべからず」とたびたび仏道は一つであって、「宗派」などあってはならないと戒めている。当然と言えば当然の主張である。釈迦は一人しかおらず、その説いた教えも一つしかない。後世の人々によって様々な解釈が生まれたに過ぎない。仏道の初心に帰れ、と説いているのである。『正法眼蔵』を座右の書とした良寛にとっても仏道に宗派などあり得なかったと言っていい。これは仏教だけではなく、あらゆる宗教、思想について言えることではないだろうか。キリスト教の教えは『旧約聖書』と『新約聖書』にすべて記されているが、この解釈を巡り、東方正教、カトリック、プロテスタントの各派が生まれ、自派の正統性を主張し、異端審問、宗教戦争、魔女狩りなどを行った歴史が存在する。しかし、現ローマ教皇フランシスコはこうしたセクトを超えたキリスト教の一致を求めてやまない。ハロルド・ラスキがキリスト教のコピーと述べたマルクス主義になると、正統と異端を巡る闘争はさらに残酷に大規模になる。スターリン主義、毛沢東主義、ポル・ポトの大量虐殺、北朝鮮の現状を見ればその事実は誰もが認めざるを得ないだろう。日本では新左翼の小党派間で、こうした歴史を矮小化し、戯画化した「内ゲバ」が発生し、多くの若者たちが殺し合った。

良寛のような人間にとっては、仏陀を慕う人間はすべて同胞であって、宗派などどうでもよかったことは、日蓮宗の檀家の家で、こだわることなく経をあげたその行動が明らかにしている。

こうして善光寺を詣でた後、良寛は糸魚川に向かった。良寛が糸魚川から寺泊に向かったことはいままでの研究家諸家の間でも一致した見解になっている。また、その事実を裏付ける詩が存在する。

予はまさに郷に還らんとして　伊登悲駕波に至り　不預　客舎に寓居す
(予遊方殆二十年、今茲還郷、至伊東伊川、体中不預、遇居客舎、干時夜雨蕭々)

一衣一鉢　わずかに身に随う　　一衣一鉢裁是随
強いて病身を扶け　坐して香を焼《た》く　　扶強病身坐焼香
一夜　蕭々たり　幽窗《ゆうそう》の雨　　一夜蕭々幽窗雨
惹き得たり　二十年逆旅の情　　惹得廿年逆旅情
(たった一枚の着物を着て　托鉢用の鉢を手に　病んだ体を無理して起こし　何とか香を焚く　夜の雨が淋しい音を立てて窓の外に降っている　二十年にもわたる旅の思い出が身につまされる)

この良寛帰国の経路については先に引用した松村恵介の『大愚良寛』も同じ見解を述べている。漢詩から判断すれば当然だからであろう。
こうして良寛は病んだ体で故郷の越後にようやくたどり着いたのだが、この帰郷の理由についても良寛研究者の間には諸説あって、私は混乱する。中には「あの物質的には何の未練も執着もなかった良寛もこの点（帰郷）では女の子のやうに感傷的であったやうである」（須佐晋長『良寛の一生』）といった良寛の望郷の思いを強調するあまり、「女の子のやうに感傷的」といったいささか行き過ぎと思える表現をする研究者も存在する。

望郷の思いはたしかに帰郷の原因の一つではあったろう。この他、教団の腐敗への絶望、父の以南の悲劇的な死、自閉的な性格、厭世の強い思い、尊王思想を抱く一族の一員であることへの幕府の嫌疑などが帰郷の理由としていままで上げられてきている。しかし、求道の情熱は良寛から消えてはいない。諸国を修行する間にその思いはますます募ったように思える。雲水として帰郷の世俗的な理由を克服することはたやすいことであったろう。国仙から印可の偈を受け、円通寺に庵まで与えられ、永平寺五十世を継いだ玄透即中の知遇もある良寛が、教団内での生活を捨て、一介の乞食僧となって、諸国を流浪する間に、考えていたことは、道元の教えを生きる道を求めること以外にはなかったと、私は断言したい。そのことは良寛について語る際に必ずと言っていいほど引用される次の詩に何よりも明らかにされていると思う。

生涯　身を立つるに慵《もの》く　　生涯懶立身
騰々　天真に任す　　騰々任天真
嚢中に三升の米　　嚢中三升米

炉辺に一束の薪　　炉辺一束薪
たれか問わん　迷悟の跡　　誰問迷悟跡
何ぞ知らん　名利の塵。　　何知名利塵
夜雨　草菴の内　　夜雨草菴裡
雙脚　等閒に伸ぶ。　　隻脚等閒伸

（立身出世する気などさらさらなく　自然のままに生きてきた　頭陀袋には米が三升あり　囲炉裏の傍には一束の薪がある　迷いも悟りもどうでもいい　よく分からんが名誉も利得も塵みたいなものだ　雨が降る夜は草庵の中で　二本の脚を思うままに伸ばしている）

最初の一行の生涯を「生計」と解する読み方もあるが、私は東郷豊治の読みに従いたい。迷いも悟りも超越し、名利など塵芥に等しい、この二行の秘めている恐ろしさに気が付かなければ良寛を理解することは不可能であろう。良寛は「僧伽」という詩の中でも「たとい乳虎の隊に入るとも、名利の路を践むことなかれ。名利わずかに心に入らば、海水もまた濯ぎがたし」という詩を詠んでいる。子連れの虎の群れに出会うような危険な目に遭っても僧侶は名誉や利得に心を動かされるようなことがあってはならない、少しでもそのような心が起これば大海の水を以てしてもそれを洗い流すことは難しい、というのである。良寛のこの精神を実践できる宗教者を現代に求めてもまず無理だろう。ましてや私のような世俗にまみれた凡人はすぐに金や名誉に目がくらんでしまう。だからこそ良寛の生き方と精神に憧れ、心を動かされるのである。

中村宗一は「僧伽」のこの部分に『観音導利興聖護国寺重雲堂式』を引用し、「道心ありて名利を投げすてん人いるべし、道心ひそかにをこれば、名利たちどころに解脱するものなり」と注している。道を求める心と名利を求める心は一見重なるように見えることがあるが、究極的には絶対に相いれないものであることが良寛のこうした詩を読んでいると、つくづく分かってくる。しかし、知ることと達することの間には、それこそ千尋の谷が存在している。

また、この詩を読むと良寛が明らかに陶淵明を愛読しており、その影響を受けていることが分かる。陶淵明には「帰園田居（田園の家に帰る）」と題した次のような有名な詩がある。

少《わか》くして俗に適する韻なく　　少無適俗韻
性　本《もと》　邱山を愛す　　性本愛邱山
誤って塵網の中に落ち　　誤落塵網中
一去　三十年　　一去三十年
（若い時から世間とうまくやって行くことが出来ず　生まれつき山野を愛する気持ちが強かった
誤って塵にまみれた世俗の網に落ちて　あっという間に三十になってしまった）

良寛の詩の一行目は明らかにこの詩の一行目の影響を受けている。大森子陽の三峰館で良寛は儒学とともに陶淵明や蘇軾、それに唐の詩人たちの詩を習い、それらを愛読していた。『論語』を『荘子』とともに愛読していた良寛にとって、顔回や陶淵明といった人々の生き方は範とすべき生き方であり、自分にもっとも適した生き方であると考えたのではないか。

郷本の空庵

越後に帰郷し、糸魚川で病に伏した良寛が、国上山の五合庵に定住するまでの期間の消息が、これまたよく分かっていない。いろいろの説が研究者の間で行われており、そのすべてに目を通すことは不可能であるが、新潟三条の人、橘崑崙の『北越奇談』記載の説がもっとも広く受け入れられているので、その説に一部依拠する。

糸魚川での病が癒えると、良寛は寺泊まで行脚の旅を続け、日本海に面した小さな集落だった郷本に空庵を見つけ、しばらくそこに住んだ。空庵のあった場所は海岸の浸食が進み、現在では海中に没してしまっているが、海岸の近くに「良寛空庵跡」の碑が建てられている。当時は寺泊町の多次右衛門の物置小屋であったことが、地元の研究者、青柳清作によって明らかにされたが、空庵は郷本の日本海に面した曹洞宗の寺、玄徳寺の塩焼き小屋であったとする説もある。こちらにも空庵の碑が建てられている。例によって、客観的な判断を下すことは難しい。

とにかく雨露を凌ぐ空庵を見つけた良寛は、近村を托鉢して歩き、その日の糧を得て、飢えを凌いだ。

『全伝』は寺泊近辺の古老の言として、寺泊の近くの郷本村に乞食僧が住み捨てにした草庵があったが、寛政の末年にいつのころからか一人の奇僧がやってきて住み着いたことを記している。僧はぼろをまとい、破れた笠を被り、托鉢用の鉢と杖だけを手にし、雨が降れば庵に寝ころび、晴れれば托鉢に出歩き、いつも子供たちと遊ぶことを好んだ。その日常の行動は凡人とはまったく異なり、ただものではないことをうかがわせた。村人たちはその僧を怪しんだが、ある人があの僧は出家した出雲崎の橘屋の長男に違いないと言いだし、良寛を知っている人間に知らせたところ、良寛に間違いなかった。そこで橘屋は早速良寛を引き取ろうとしたが、僧はいつの間にか壊れかけた鍋一つを残してどこかへ行ってしまった。そこで、橘屋の人々も良寛の後を追うことはせず、彼の好むままに放っておくことにした。

次の「傭賃《ようにん》」と題した詩はこの時期を詠んだものと思われる。

家は荒村にありて　わずかに壁立し　　家在荒村纔壁立
展転　傭賃《ようにん》して　しばらく時を過ごす　　展転傭賃且過時
憶い得たり　当年　行脚の日　　憶得当年行脚日
衝天の志気　あえて自ら持せしを　　衝天志気敢自持

（我が家は貧しい村にあり形ばかりの壁がある　あちらこちらを托鉢して歩き何とか暮らしている
思い出せば行脚に出たばかりの若いころの自分は　天を衝かんばかりの意気に燃えていた）

故郷に錦を飾るどころか襤褸《らんる》をまとって帰ってきて、人が見れば乞食と変わらぬ生活をしている自分の姿を、求道の精神に燃えて国仙和尚の下で受戒を受け行脚の旅に出た若いころの自分と対比した詩である。良寛のような人物においてさえ、挫折感、敗北感を味わうことがあるのだと、より一層良寛に親しみを抱かせる詩である。このころの日本の農村は凶作、重税などによる疲弊が進み、強訴、打ちこわしが相次いで起こる状態にあり、越後の農村もまたその例外ではなかった。托鉢に出た良寛もそうした農村の荒廃をつぶさに目にしたであろう。また空の鉢を抱え托鉢を終えたことも詩に詠んでいる。まさに飢餓線上をさまよっていたと言っても過言ではない。しかし、こうした過酷な日常生活における試練を経て、良寛の信仰はますます深化して行ったに違いない。常人には決して到達することの出来ない精神の高峰を極めるにはどうしても通過しなければならない道であったのであろう。私は、スイスに取材で何度か出掛けた折、麓から見上げたアルプスの山々の美しさを忘れることが出来ない。とりわけ、落暉《らっき》の中で薄紅色に染まった雪のマッターホルンの美しさは忘れ難い。そして良寛の歌や詩を読んでいて、時々この光景を思い出すのである。良寛の歌や詩の純粋な美しさに感嘆することは、アルプスを麓から見ていてその美しさに感動することと同じような気がする。ヒマラヤやアルプスの山々の頂上は酸素も薄く、気温は氷点下、それに強風が吹いている過酷極まりない環境にあるという。おそらく良寛は精神的にも肉体的にも、これと同じような体験をしたであろう。良寛の精神の高峰を理解するためには、彼の精神が通過してきた酸素も薄く気温も氷点下を下回るような環境をせめて想像だけでもしてみることが不可欠であると私は考える。しかし、良寛は「そんなことはどうでもいい、『おれがの』歌や詩を自由に愉しんで読んでくれればそれでいいんだよ」とおっしゃるに違いない。

平成二十八年の十一月初旬、私も寺泊町郷本の破屋の跡を見てきた。日本海と砂浜を隔てただけの場所に碑があったが、曇天の下、暗い海原が眼前に拡がり、打ち寄せる波の音だけが響く場所であった。

寺泊の照明寺密蔵院

郷本の草庵を出た良寛は、次いで寺泊町の照明寺内密蔵院に入った。この事実は「密蔵院にをりしとき」という歌二首によって明らかである。

夜あくれば森の下庵からす鳴くけふも浮世の人の数かも

大殿の森の下庵夜あくればからす鳴くなり朝清めせむ

照明寺は永承二年、高野山竜光院の住職だった栄光の建立による真言宗智山派の寺院である。密蔵院はこの寺の境内にあった塔頭の一つで、天保十二年の火災で焼失したが、昭和三十三年に再建され、現在は茶室に利用されている。良寛はこの寺の第十三代良恕上人と親しかったために、この時の他にも文政十年、十二年の三回に渡って仮寓している。この密蔵院仮寓の時期に良寛が作った漢詩がある。

観音堂側仮草庵
緑樹千章独相親
時著衣鉢下市朝
展転飲食供此身

観音堂側《そく》の仮の草庵
緑樹千章　ひとり相親しむ
ときに衣鉢《えはつ》を著けて　市朝《しちょう》に下り
展転　飲食《おんじき》をこの身に供す。
（観音堂のすぐ傍らの仮の草庵　周囲の何千本もの杉の木々は孤独な私の友達だ　時々町まで托鉢に出かけ　あちらこちらと歩き回り食物を恵んでもらう）

良寛が親友の阿部定珍に宛てた手紙には、「僧も此夏は密蔵院に移候。観音堂のもり致候。飯は照明寺にてたべ候。以上」とある。この手紙は寺泊良寛会によって建てられた石碑になっているが、密蔵院は、郷本の廃屋に比べれば雨露を凌ぐことも十分に出来、飢餓に曝されることもなく、この時期の良寛にとって生活的には一番恵まれていたと言っていいだろう。良寛はこの寺に阿部定珍を始め、解良叔問、木村利蔵といった親しい友人を集めて歌を詠み交わしたり、酒宴を愉しんだりした。

しかし、良寛が密蔵院をなぜ出なければならなかったのか、その理由はこれまた不明である。

ただ、住居に無頓着な良寛に、もう一度住みたいと思わせるほど居心地が良かったことだけは確かである。また、「寺泊をいづるとき」の詞書を附した次の一首を残している。

えにしあらばまたも住みなむ大殿の森の下庵いたくあらすな

密蔵院を出た良寛はどこに住んだのか。これも不明で、後に長く住むことになる国上山の五合庵に住んだ時期もあるようだがその詳細は不明である。はっきり分かっているのは国上の真言宗の寺院である本覚院である。この寺についても良寛は「本覚院につどひてよめる」という詞書のある歌を残している。山吹の花の香を嗅ぐことに幸せを感じる春の一日を歌った、何でもないようでいて、当時の心境が測測と伝わってくる、味わいのある歌である。そこに良寛の歌、とくに自然を題材にした歌に共通して見られる特徴があると言っていいだろう。

山吹の花をたをりて思ふどしかがす春日はくれずともがな

本覚院を出た良寛は、解良家の菩提寺、牧ケ花の観照寺、野積の西生寺などに移り住む。観照寺については加藤僖一が「新潟県西蒲原郡分水町牧ケ花にある寺院。解良家の西方にある。いまは無住になっているが、良寛が文化七年（五十三歳）に仮住したと言われる。同寺には解良家一門の墓がある」（『良寛事典』）と述べているが、ここも住む場所がなくなった良寛に解良叔問が仮寓として提供した場所であろう。良寛の詩集や歌集を探してもこの寺について詠んだ作品は見当たらない。宗派は真言宗であり、曹洞宗の寺ではない。

良寛が短期間、仮寓した次の寺はこれまた真言宗の西生寺である。信濃川の支流のある海岸線に沿って開けている半農半漁の集落である野積を出て、国上山から弥彦山へと通じる山道にある。この寺は弥彦山で修行を積みながら座禅をしたまま即身仏となった南北朝時代の密教僧、弘智法印のミイラが現存している名刹である。鈴木牧之《ぼくし》は『北越雪譜』の中で、弘智法印について次のように記している。弘智法印は下総の国、現在の千葉県で生まれたが、高野山で密教を学び、故郷に帰り大浦の蓮華寺の住職となった。その後、行脚して越後にやって来て三島郡野積村の海雲山西生寺の東に当たる岩坂に草庵を結んだが、貞治二年（一三六三）十月にここで生を終えた。辞世に「岩坂の主は誰ぞと人問ば墨絵に書きし松風の音」の一首を残した。遺言によって遺体を埋葬せず、仏壇の中に安置したところ腐敗せずそのままの姿を保った。「枯骸生けるが如し」と牧之は記し、そのスケッチを『北越雪譜』に載せ、「この図は余先年下越後にあそびし時目撃したる所なり。見る所た々面部のみ、手足は見えず。寺法なりとて近く観る事をゆるさず。眼閉じ皺ありて眠りたるが如し。頭巾法衣はむかしのまゝにはあらざるなるべし。是、他国には聞かざる越後の奇跡なり」（岩波文庫）と述べている。良寛も弘智法印に深い敬意を抱いており、「弘智法印の像に題す」とした次の漢詩を残している。

鄰皴《りんしゅん》たる烏藤《うとう》　夜雨に朽ち
襤㲚《らんさん》たる袈裟　暁烟《ぎょうえん》に化す
たれか知る　この老の真面目
画図《がと》の松風　千古に伝う。

鄰皴烏藤朽夜雨
襤㲚袈裟化暁烟
誰知此老真面目
画図松風千古伝

（木目の粗い杖は夜ごとの雨に朽ちかけ　ぼろぼろになった袈裟は夜明けの露にまぎれ　この老上人の本当の価値を知っている人はいるのだろうか　「墨絵に描いた松風の音」こそ時代を超えて伝わるのだ）

この詩を一読すれば分かるように、良寛は物質的な価値というものは結局時代とともに朽ちてしまうもので、精神的な価値だけが時代を超え、空間を超えて伝わるものだと確信し、それを実践していたことがよく分かる。だからこそ無所有の精神に徹することが出来たのであろう。しかし、道元は「人は死すとも心のこるべきゆゑに、不能尽なり。一草一木・一石一瓦の深広も無涯際なり。一木一草もし七尺八尺なれば、彼一念も七尺八尺なり、発心もまた七尺八尺なり。しかあればすなはち、入於深山、思惟仏道は容易なるべし。造塔造仏は甚難なり。ともに精進無怠より成就すといへども、心を拈来《ねんらい》すると、心を拈来せらるると、はるかにことなるべし。かくのごとくの発菩提心、つもりて仏祖現成するなり」と『正法眼蔵』の中の「発無上心」で述べている。

増谷文雄はこの部分を「人は死んでもなお心は残るのであって、とても言い尽くすことはできない。そして、かの一念の深さ広さの果てしないように、一草、一木も、あるいは、一石も、一瓦も、また果てしないものである。もし一草、一石がそうであるならば、かの一念もまたそうであろうし、またかの発心もまたしかるはずである。とするならば、深山に入りて仏の道を思惟することは容易であり、塔を作り仏の像を作ることははなはだ難いであろう。それらはともに、精進にして怠ることなきによりて成就することではあるが、その一つは、心を能動的に働かせて得ることであり、いまひとつは心を、心がゆり動かされて成就することであって、それとこれとでは、はるかに相異なるのである。そして、このような発菩提心がつもりつもって仏祖が実現するのである」と現代語訳している。

良寛はどちらだったのか。私は良寛にとって、歌を詠み、漢詩を作ることが「造塔造仏」に当たる行為であったと考えるがどうであろうか。もっとも道元は『正法眼蔵随聞記』の中では「文筆詩歌などその詮無きことなれば捨つべき道理なり」と言っているから、この説には無理があるかもしれない。

いままで良寛が住居を転々としてきた経過を述べてきたが、最初の郷本の草庵は確かであるが、その後の居場所に関しては研究者諸家の説にもいろいろあり、一応自分なりの順番に並べたが、絶対的なものではない。

文化元年（一八〇四）、四十七歳の時に国上山の山腹に位置する五合庵に移り住む。これから六十歳まで、ほぼ十三年、良寛はこの庵で暮らすことになる。

寺泊郷本の庵を訪ねた同じ日に、私は五合庵を訪ねた。国上山頂の寺までは富沢信明氏に車で連れて行っていただいたが、その後は、五合庵まで西坂を下った。現在は石段が設けられていて歩きやすくなっているが、それでも急坂である。月のない夜などとても危険で歩けない道である。良寛の時代には雑草と杉の木の根が横たわる場所にかろうじて歩ける道があっただけだろう。現在の五合庵はもちろん新しく建てられたものであるが、何とも粗末で、かろうじて人が住めるといった建物であった。雪深い越後の冬には身動きできなくなるだろうと思わせるに十分だった。知命を過ぎた良寛はよくこうした場所で生活できたものだと思った。

六　五合庵の四季

五合庵の日常

良寛の人生は謎に満ちていると何回も繰り返すが、東郷豊治が『新修　良寛』で述べているように、良寛の年譜で確かなのは、「天保二卯年正月六日遷化」、すなわち一八三一年一月六日に死んだということだけである。東郷は良寛の歌や詩を、越後界隈を歩き回り調べ上げ、その遺墨に直に接して書きとった。東郷の説は、良寛研究にその後半生を捧げたと言ってもいい研究者の言だけに、誰の説にもまして説得力があると私は考えている。しかし、七十四歳という良寛遷化の歳が満年齢なのかそれとも数え年なのか、それも私には分からない。当時の日本では数え年が使われ、いまでも位牌には数え年が使われることを考えると、数え年で七十四歳、満年齢でいうと七十三歳になるのではなかろうか。

良寛が「いつ国上山の五合庵に入り、さらに山麓に居を移したのか、それも分からない」と述べている東郷豊治以上に、五合庵にいつ良寛が入庵したかについても、私には分からない。ただ一番多く挙げられている説に従うだけである。その説が、四十七、八歳の時である。北川省一は西郡久吾の『全伝』に従い、文化元年（一八〇四）、国上寺隠居義苗《こくじょうじ》の没後、良寛は五合庵に定住したと述べる（『良寛』）。石田吉貞、加藤僖一もこの説を採る。しかし、谷川敏朗は「五合庵定住は、この年（文化元年）ではなく翌年のようである」と記している（『良寛全集別巻1』）。とにかく良寛は四十八、九歳から六十数歳で国上山の麓にある乙子神社の境内の庵に移るまで、およそ十数年を五合庵で過ごしたことになる。

この五合庵はいまや観光名所となり、四季を通じて多くの旅行客が訪れる場所になっているが、良寛が住んでいた当時は、深山幽谷とまではいかなくとも、冬になれば雪に埋もれ、里に出るのも不自由な山の中腹にある庵だった。いまでこそ国上山の国上寺まで自動車で登れる道路が整備されているが、良寛の時代には当然のことながら歩く以外に山に登ることは出来なかった。国上寺から五合庵まで下る山道ですらかなりの急峻で、後から作ったのであろう石段があったが、還暦近い人間が上り下りするには苦労を強いられる。

標高三百十三メートルの国上山の中腹に位置する五合庵は、真言宗の寺である国上寺に付属する庵室で、国上山の本堂から西坂をしばらく下ったところにある茅葺の五坪に満たない草庵だった。国上寺に江戸の中期に掛錫《かしゃく》し、本堂の阿弥陀堂の復興をはじめ、寺院の再興に尽くし、同寺中興の祖と呼ばれた万元和尚が隠居した草庵で、当時の国上寺住職良長が万元に、毎日米五合を支給したことにちなんで五合庵と名付けられた。万元和尚もまた詩歌の嗜みがあり、学問にも優れていたと伝えられる。

国上寺は、元明天皇和銅二年（七〇九）に泰澄法師の開基した寺と言われ、新潟県にある最古の寺院であり、境内には、弘法大師が密教流布を祈願して、煩悩を打破し、仏性の顕現に資する法具である五鈷《ごこ》を投じると枝に掛かった、と称されている五鈷掛けの松が残っている。本尊は行基作と伝えられる阿弥陀如来である。

五合庵の部屋はおそらく「筵《むしろ》八畳」、屋根は「槇の板屋」、柱は「竹の柱」、入り口には「菰《こも》すだれ」が掛かり、床は土間、便所は隣接した別棟にあったと、その漢詩から想像できる。庵は杉の森に包まれ、近くに岩間を走る清流があり、良寛はこれを生活用水に用いた。良寛は「五合庵」と題して次の詩を詠んでいる。

索々たり　五合庵
室は　懸磬《けんけい》の如く然り。
戸外には杉千本
壁上には　偈　数篇
釜中《ふちゅう》　ときに塵あり

索々五合庵
室如懸磬然
戸外杉千本
壁上偈数篇
釜中時有塵

甑裡《そうり》　さらに烟なし。　　甑裡更無烟
ただ　東村の叟《おきな》ありて　　唯有東村叟
しきりに叩く　月下の門　　頻叩月下門

（何ともわびしい五合庵　部屋の中には何もない　庵の外は杉の森　壁には偈がいくつか貼ってある　釜の中には時々塵が溜まる　蒸籠《せいろう》はそれにもまして煙を立てない　ただ東の村に住む老人が　しばしば月の夜に遊びに来る）

この詩を読むと、底に塵が溜まるほど釜を使わない日々が続いたことが分かる。米どころの越後は、他の藩に比べれば比較的裕福な藩ではあったが、年貢は重く、災害や飢饉が起こるたびに農村の疲弊は進み、托鉢して歩く良寛への喜捨はけっして多いとは言えなかった。むしろ空の鉢を携えて帰庵する日が続くことも稀ではなかったことがこの詩から分かる。良寛にとって飢えは珍しいことではなく、ごく日常的に親しいものであったと言える。冬になり雪が野山を埋め尽くすころには山を下り托鉢に出ることも出来ず、露命をつなぐために不可欠の飲料となる水を汲むためには毎日、朝夕、谷を下らなければならなかった。炉にくべる薪一つにしても峰を攀《よ》じり、木の枝を打たなければならなかった。今日の都会生活に慣れた人間にはまず不可能である生活だったと言ってよく、貧困と飢えを友のようにして暮らした良寛であるが、何度も死線をさまようことがあったに違いない。こうした日常は次の詩に明らかである。

癡頑《ちがん》　いずれの日にか休まん　　癡頑何日休
孤貧　これ生涯。　　孤貧是生涯
日暮　荒村の路　　日暮荒村路
また　空盂《う》を掲げて帰る。　　復掲空盂帰
（バカは死ななきゃ治らない　孤独で貧乏が俺の人生　夕暮れに貧しい村を過ぎる　今日も空の鉢を抱えて帰る）

五合庵の近在の村々を、一日足を棒のようにして托鉢して歩いても一握りの米を得ることも出来ず、貧しい村の日暮れの道を、空の鉢を抱えてとぼとぼ歩む良寛の寂しげな姿が眼に浮かんでくる。「ああこんなバカな人生はいつ終わるのだろうか」という嘆声を良寛ですら発せざるを得なかったほどの過酷な毎日であったのだろう。良寛に信仰がなければ、求道の精神がなければ、とても堪え得る生活ではない。いや、誰にも真似できないほどの求道の精神があったにしても、思わず自嘲的にならざるを得ない。良寛の心の中でも「食を受くるは仏家の命脈なり」というその遺稿に記された精神が揺らぐ日がなかったとは言い切れないだろう。しかし、それに対していつも良寛の篤い信仰が勝利をおさめた。東郷豊治は「いうまでもなく、乞食は街頭においてなされる。それは僧侶にとって自己修練の厳しい場であると同時に、大衆と直接に接触して行じる実践の場でもある。大衆と接触して何を行じるのか。大衆の心に光をとぼそうと行じるのである」(『新修　良寛』)と述べているが、今日にも、この良寛の行った「大衆の心に光をとぼそうと行じる」宗教者がどこかに存在することを私は信じたい。格差が限りなく拡大してゆく現代の時世にあって、この潮流に抗し、いくらもがいても貧しさから脱け出すことの出来ない、貧しい大衆の心に光をとぼしてくれるのは、深い信仰心をもった宗教者以外には考えられないからである。自分の財産を守るために国を捨て外国に暮らすことを選択する人々の行動を是とする経済学者には、けっして理解することの出来ない「大衆の心に光をとぼそうと行じる」行為が、時代を導く光であってほしい。

愛語は愛心よりおこる

良寛の書の中に『正法眼蔵』の中の「菩提薩埵四摂法《ぼだいさったししょうぼう》」を書写したものが、最晩年にその裏庭の薪小屋を改造した庵室に身を寄せた、新潟県三島郡島崎村(明治三十四年に消滅)の木村家に残っていることを『全伝』は記し、その写真を掲載している。木村家は戊辰戦争の戦火で全焼したが、良寛の遺墨の入っていた土蔵だけが消失を免れた。長くなるが、原文のまま引用する。

「愛語といふは、衆生をみるにまづ慈愛の心をおこし、顧愛の言語をほどこすなり。おほよそ暴悪の言語なきなり。世俗には安否をとふ礼儀あり、仏道には珍重のことばあり、不審の孝行あり。慈念衆生、猶如赤子のおもひをたくはへて言語するは愛語なり。徳あるはほむべし、徳なきはあはれむべし。愛語をこのむよりは、やうやく愛語を増長《ぞうじょう》するなり。しかあれば、ひごろしられずみえざる愛語も現前するなり。現在の身命の存せらんあひだ、このんで愛語すべし。世世生生《せぜしょうじょう》にも不退転ならん。怨敵を降伏《こうぶく》し、君士を和睦ならしむること、愛語を根本とするなり。むかひて愛語をきくは、おもてをよろこばしめ、こころをたのしくす。むかはずして愛語をきくは、肝に銘じ、魂に銘ず。しるべし、愛語は愛心よりおこる、愛心は慈心を種子《しゅうじ》とせり。愛語よく廻天のちからあることを学すべきなり、ただ能を賞するのみにあらず。」

さらに、増谷文雄の現代語訳を引用しておく。

「愛語というのは、衆生をみていつくしみ愛する心をおこし、心にかけて愛のことばを語ることである。およそ荒々しいことばはつつしむことである。世俗にも安否を問うという礼儀があり、仏道には『お大事に』と自愛自重をすすめることばがあり、また『ご機嫌いかがでございますか』と問う礼儀がある。『衆生を慈しみ念ずること、なお子《し》のごとし』というが、そのような思いをうちにたくわえてことばを語る、それが愛語である。徳あるものは賞めるが好い。徳なきものは憐れむがよい。その愛語をこのむところから、いつとはなしに愛語は成長してくるのである。そうすれば、つね日頃は思いもかけぬような愛語もふっと現れてくるようなこともある。だから、いまこの身命のつづくかぎりは、このんで愛語するように力《つとめ》るがよい。また、世々生々《せぜしょうじょう》にも退転することのないようにと念ずるがよい。思うに、怨敵をして降服《ごうぶく》せしめるにも、君子をして仲むつまじうせしむるにも、いつも愛語を根本とするのである。相向かって愛語をきけば、おのずからにして面によろこびがあふれ、心をたのしうするであろう。また、相向かわずして愛語を聞いたならば、それは、肝に銘じ、魂をゆりうごかすであろう。けだし、愛語は愛心よりおこるものであり、愛心はまたいつくしみの心を種子としてなれるものだからである。まことに、愛語はよく天を廻らすほどの力あるものなることを学ばねばならない。ただ能力あるを賞するのみではいけないのである。」

難解を極める『正法眼蔵』の中でも分かりやすく、またもっとも読者を惹きつけるところである。良寛がもっとも親しみ、その教えを日々実践した道元の言葉でもある。引用を終えても、もう一度引用したくなる。読めば読むほど味わい深く、読者の心に深く染み入る文章である。この遺墨の写真を掲載した『全伝』の著者である西郡久吾は、「愛語」は仏教のみならず、儒教、キリスト教にも共通する言葉であると述べているが、まったくその通りで、宗派を超越した良寛にとってこれほどふさわしい言葉はないと言っても過言ではないであろう。良寛の発する「愛語」によってどれだけ多くの人がこころを癒され、慰められ、励まされたであろうか。

「愛語ヨク廻天ノ力ラアルコトヲ学スベキナリタダ能ヲ賞スルノミニアラズ」と記された良寛の遺墨の写真を眺めていると、世の為政者たちがこの言葉を拳拳服膺《ふくよう》してくれればどれほどこの世は住みやすくなるであろうかと思わざるを得ない。世の中を変えるには能力だけではだめで、愛語こそが世を変える力を持つことを学ぶべきだ、という道元の言葉を己のものとして生きたのが良寛である。もちろん、良寛は政治的な行動を一切することはなかった。というより出来なかったと言ったほうがより正確であろう。ただ存在そのものが、周囲の人々を変え、時代を超えて多くの人々に影響を与えている。良寛の「愛語」は「廻天ノ力」をいまに至るも持っているのである。良寛は貧困に徹し、社会から見捨てられた人々に対しても「人をへだつる心」なしに接し、真実の信仰を求めて生きた。

しかしまた、良寛はそれだけではなく四季折々の自然の美しさを愛でる繊細な感覚を大切にし、美に対する鋭い感受性を生涯失うことがなかった。貧しい庵室の生活の中で、絶えず真理と善と美を求め続け、善意を周囲の人々に惜しみなく分け与え、美に対する鋭敏な感覚を研ぎ澄まし、見事な書や詩歌に結晶させた。言葉を換えて言えば、巨万の富を持つが、真・善・美の創造とは無縁な生涯をおくる人々とは対照的な生涯を生きた。私はここでどちらの生涯が是で、どちらの生涯が非であるのか、言おうとしているのではまったくない。宣長のように金があるほうが好きな本をいくらでも買えるからよいじゃないかという考え方もよく分かる。ただ、良寛は貧困を通じて見えてくる様々な価値を発見したと言いたいのである。

貧しい村々を托鉢して歩き、一握りの米も得られないこともしばしばだったが、良寛はそのような日々にあっても四季折々の自然の美しい変化を心から味わい、歌に詠んだ。ようやく雪が解け始めるころ、浅い春の陽を浴びて、セキレイや鶯の鳴き声に耳を傾けた。春の濃い闇の中にほのかに匂う梅の花の香を嗅ぎ、夕暮れの空に舞って散る桜の花を眺めて時を忘れ、日に日に木々の緑が鮮やかさを増す国上の山のいたるところで耳にするホトトギスの声を愉しんだ。いまを盛りに咲き誇る牡丹の花を折って五合庵に持ち帰ろうか、それともそのままにしておこうかと心を迷わせた。

ぬばたまの夜のふけ行けばしきたへのわが手枕に匂ふ梅が香
声たて々鳴けや鶯わが宿の梅の盛りは常ならなくに
風吹かばいかにせむとか鶯の梅のほつ枝を木伝ひて鳴く
若菜摘む賤が門田の田の畔にちきり鳴くなり春にはなりぬ（「ちきり」はセキレイ）
かぐわしき桜の花の空に散る春の夕べは暮れずともあらなむ
春霞立にし日より山川に心はとほくやりにけるかな
春雨のわけてそれとは降らねども受くる草木のおのがまにまに
あずさゆみ春はそれともわかぬまに野辺の若草染めいづるなり
ふかみ草いまを盛りに咲きにけり手折るも惜しし手折らぬも惜し（「ふかみ草」は牡丹）
鉢の子に菫たむぽ々こき混ぜて三世の仏に奉りてな
むらぎもの心楽しも春の日に鳥のむらがり遊ぶを見れば

五首目の歌について、付け加えれば、良寛作の法華賛の「薬草喩品」の中に「密雲彌兼疾雷、何人不仰好個辰、法雨等澍三千界、始資大小草木春」の七言がある。「雲は空にあまねく雷鳴走り、何人もこの良き朝空を仰がず、法雨等しく澍《そそ》ぐ三千界、始めて資《もたら》す大小草木の春」と読み下せる。歌の意は、春雨は個々の草木のために降っているのではないが、一本一本の草木は自分の好むままにその恩恵を受けている、ということになるであろう。現代語に直してしまうと味もそっけもない仏の慈悲を詠んだ歌になってしまうが、歌自体を繰り返し読んでいると、しととと降る春雨に濡れて息を吹き返すように緑を新たにする草木の姿が眼に映るような気がしてくる。春雨に濡れる草木の喜びが実感的に伝わってくることによって、観念的な内容が見事な詩的真実に転化されている。斎藤茂吉は『万葉秀歌』の中で、大伴旅人が太宰府に居る時妻を亡くしたが、その時、都から来た弔問の歌に応えた「世の中を空しきものと知るときしいよよますます悲しかりけり」の歌を評して、思想的抒情詩を歌うことがいかに困難であるかを説いている。しかし、良寛のこの歌はそのハードルを見事に越えた歌であると言っていいだろう。鉢の子に……の歌も宗教的境地と詩的境地が見事に融合した良寛ならではの歌と評することが出来よう。

なお、斎藤茂吉は「良寛和尚の歌」（全集22巻）の中で、専門の歌人の立場から、良寛の歌数十首について鑑賞しているが、良寛の歌の技巧と内容について深くかつ適切な分析・評釈を行った歌人には、他に吉野秀雄、会津八一がいる。ここに引用した最後の歌についての茂吉の評釈をいささか長い引用になるが記しておく。

「むづかしいところの毫もない、平淡極まる歌であるが、滋味豊かにして、心隈なく行きわたり、先ず以て良寛の歌の至上境だと申す事の出来る歌であらう。『むらぎも』といふ枕詞も決して無駄ではなく、これを意味ある他の言葉で置きかへたとせば、もうその言葉は邪魔者になったに相違ない。それから、『鳥のむらがり』といひ『遊ぶ』といふのも平淡のうちに特殊の相を現出せしめ、そして『春の日に』と緊めたあたり、まことに以て容易ならぬ力量と謂ふべきである。なほしづかに吟味するに、この歌には仏典或いは和讃などに通ずる韻律と哀調とを感ずることが出来る。只今ならば梁塵秘抄の歌と相通ずるところがあると観て差支がないものである。然るに良寛はそのころ梁塵秘抄を見ていなゐだらうから、梁塵秘抄の歌などに関係なく、僧侶として身に沁みたところから滲み出たものと考察することが出来る。将来良寛の歌も西洋人とか中国人などによって味はれる時が必ず来るとおもふから少しく註を加へて置くのである。」

良寛の歌の評釈として間然するところがない。良寛は当時の桂園派に属する専門歌人の歌を嫌ったが、茂吉の歌には親近感を抱くかもしれない。また将来、良寛の歌が西洋人や中国人によって味わわれる時が来るという茂吉の予測はその通りになった。現在すでにバートン・ワトソンやジョン・スティーブンスの英訳が刊行され、英米はじめ多くの国で広範な読者を得ている。

バートン・ワトソンの『良寛——日本の禅僧の詩』(Ryokan: Zen Monk-Poet Of Japan)の中から良寛の歌と詩の英訳を各一つずつ挙げておく。

むらぎもの心楽しも春の日にとりのむらがり遊ぶを見れば

My heart
Is happy
On a spring day
when I see the birds
flocking together, playing

生涯懶立身
騰々任天真
嚢中三升米
炉辺一束薪
誰問迷悟跡
何知名利塵
夜雨草菴裡
隻脚等閒伸

All my life too lazy to try to get ahead
I leave everything to the truth of Heaven

In my sack three measures of rice,
by the stove one bundle of sticks—
why ask who's got satori, who hasn't?
What would I know about that dust, fame and gain?
Rainy nights here in my thatched hut
I stick out my two legs any old way I please

歌の枕言葉「むらぎも」の翻訳は不可能に近くやむを得ないだろう。ただ漢詩において「炉辺」がstoveと訳されているところにやや不満は残る。Japanese fireplaceとしたほうがまだ雰囲気は伝えられるのではないか。しかし、良寛の精神は伝えられていると思う。もっともドナルド・キーンは良寛の歌に厳しく、「むらぎも」の歌は「日本人にしかよさがわからない事例であろう」と述べ、「日本語で読んでみても、どこがよいのか、さっぱりわからない」歌だと評している(『日本文学史　近世篇三』)。

ちなみに、バートン・ワトソンは一九二五年ニューヨーク生まれの中国文学・日本文学の研究者である。コロンビア大学で中国語を学び、『荘子』の英訳を完成している。戦後に占領軍の一員として来日、日本文学にも興味を抱き、西行の『山家集』、種田山頭火の自由律俳句、森鷗外の『雁』の英訳を行っている。アレン・ギンズバーグと親交があり、ヒッピー文化に関心を抱いたところから、良寛に興味をそそられたのではないかと思われる。とにかく日本文学についての造詣が深く、ドナルド・キーンやサイデンステッカーと並ぶ外国人の日本文学研究者であると言っていいのではないか。さらに中国文学にも造詣が深い碩学である。しかし、二〇一七年四月に残念なことに他界している。

子規に先立つ『万葉集』評価

さらに、この後で、茂吉はこの歌における万葉集の歌の影響を指摘しているが、この点は多くの研究者によって指摘されている。良寛自身が歌を作るにあたっては『万葉集』を学ぶべきで、その他の古典について言えば『古今集』はまあまあだが以後の歌集に見るべきものはないと断言し、解良栄重の万葉の歌を理解することは難しいという質問に対し、分かるものだけ読んで学べばよいと応じた。また、阿部定珍から借りた文化版の『万葉集』を、与板町の三輪権平から借りた橘千蔭の『万葉集略解』を参照しつつ精読し、朱の書入れをしている。良寛の朱を入れた文化版『万葉集』は現存している。阿部家には、朱墨、下駄の鼻緒、油などの要求まで書き加えた『万葉集』の借用や返済に関する手紙が何通も残っている。

さらに特筆すべきは良寛が万葉から百九十首を選んで、自分のための詞華集『あきのの(秋の野)』を編んでいることである。佐佐木信綱は『万葉清話』の中の「良寛和尚と万葉集」と題した一文において「あきのの」について、「『あきのの』は、表紙ともに十九枚、百八十九首の短歌を抄出してあるが、自らの心おぼえに抜萃したものか、誰かに示す為に抄出したものかさだかではない。また抄出の年代も詳《つまびらか》でないが、良寛が、略解を文化版の万葉集に書き入れたのは、その五合庵在住時代であり、今この抄出の歌が、略解と文化版との訓点を交へ用ゐてゐるから、やはり五合庵時代のことであらう」と述べ、また「概して平明にして、しかも味のある歌を選んでゐるのは、歌人としての彼の風格と背馳しないのである」と感想を語っている。良寛がいかに『万葉集』を愛読していたかがよく分かる。良寛が選んだ歌人と作品の一覧も付されており、良寛の万葉理解を知るうえで必読の書と言えよう。良寛は、額田王、天武天皇、人麿、憶良、赤人、旅人、有間皇子、舒明天皇などの作品の他、東歌、防人の歌も挙げている。

平野秀吉の『良寛と万葉集』は良寛が「あきのの」に採録した『万葉集』の歌のすべてを掲載し、枕詞の多用、用語・成句の類似、ことさらな技巧の排除などを挙げ、実例に即して詳細に論じている。中には模倣と言ってもいい作品まで存在するとして数首の例を挙げている。とにかく、良寛が自分の歌の手本として『万葉集』を座右の書としていたことは間違いない。詩における寒山、書における王羲之や道風などを見ても、良寛が自分の創作においてつねに優れた作品を手本としていたことがよく分かる。さらに、この後で、茂吉はこの歌における万葉集の歌の影響を指摘している。

さらに、良寛の『万葉集』尊重が正岡子規の短歌革新につながったことを、先にもその説を引用した冨沢信明が、人脈の面から明らかにしている。良寛の縁戚に当たる歌人、桂湖村（一八六八―一九三八）という人物が、子規より半年早く「日本新聞社」に入社、漢詩と俳句の選者を務めていた。子規の弟子の赤木格堂が「追懐余録」で明らかにしているように、子規はこの湖村から良寛のことを教えられた。良寛に傾倒し、良寛もその才を高く評価していた鈴木文台の孫で、湖村の詩歌の弟子の豹軒鈴木虎雄も日本新聞社で子規の同僚だった。子規はこの両者の強い影響を受け、『万葉集』をどの古典よりも尊重する態度を学び、湖村の指導のもとに「歌よみに与ふる書」の構想を得た（「日経新聞」二〇〇九年五月十一日）。冨沢は短歌革新運動の出発点に良寛を位置付けているのである。このことはいままで誰も注目してこなかった点で、私は近代短歌史の出発点を良寛にまで遡らせる、画期的な説であると思う。良寛が嫌った「歌人の歌」とは桂園派の技巧的な歌であった。

五合庵の夏

五合庵の周囲を彩った春が立ち去ると、越後平野では田植えが始まり、早乙女たちの田植歌が野面に流れる。田植えとともに農民たちの刈り入れまでの天候に関する一喜一憂が始まるが、良寛もその思いを共有し、旱《ひでり》や冷害には心を痛め、適度の日照と降雨を毎日のように空を仰いでは天に祈った。

良寛はまた蛙の鳴く声を愛した。五合庵に手足を伸ばし、のんびりと蛙の鳴き声を聞くことを無上の喜びとし、朝に夕にその声を愉しんだ。さらに、ホトトギスの声を友として托鉢して歩き、五合庵の日々を過ごした。日々の忙しさにかまけ、ホトトギスの声に耳を傾けられない時は、そのことを悲しんだ。五月雨の後の青葉の目に染み入るような緑も良寛の心を深く捉えた。垣根に花をつける卯の花が本格的な夏の到来を告げると、良寛はまたその白い色をこよなく愛でた。良寛がとりわけ好んだ植物に竹があった。竹林を吹き抜けてくる風の涼しさを肌に感じ、一日に竹林を何度見ても飽きるということがなかった。良寛には竹林を詠んだ詩がある。

宅の辺に　苦竹あり
冷々として　数千竿
筍《わかたけ》は迸って　すべて路を遮り
梢は高く　ななめに天を払う
霜を経て　精神を　陪《ま》し
烟を隔てて　うたた幽間
よろしく松柏の列にあるべし
なんぞ桃李の妍に比せんや
竿　直く　節　いよいよ高く
心　虚《むな》しく　根　いよいよ堅し。
爾が　清貞の質を愛す

宅返有苦竹
冷々数千竿
筍迸全遮路
梢高斜払天
経霜陪精神
隔烟転幽間
宣在松柏列
何比桃李妍
竿直節弥高
心虚根愈堅
愛爾清貞質

千秋　希《ねが》くは遷すなからん。　　千秋希莫遷

（我が家の近くには竹林がある　涼し気に数千本が伸びている　タケノコが生えて道を歩く邪魔になり　梢は高く伸びて天に撓《しな》い　霜を経るごとに気力がみなぎり　靄を隔てて奥ゆかしさを増し　竹は松や柏と並べるのがよく　桃や李のあでやかさと比べるには向かない　竿はまっすぐに伸び、根はますます堅い　お前の清らかで貞節を守る所が好きだ　いつの時代までもこのままで在って欲しい）

七夕の空もまた良寛の好むところだった。西郡久吾の『全伝』は良寛出家の理由の一つに女性の存在を匂わせているが、七夕への良寛の愛着を考えると、果たせぬ恋の思いに若き良寛が身を焦がしたのではないかという推測も受け入れられるような気がしてくる。あるいは別れた妻のことを思い出しているのかもしれない。空にかかる銀河を見上げながら、牽牛と織女の伝説に思いを馳せる良寛の姿を想像すると、人間良寛に一層の親しみを覚えざるを得ない。

こうした夏の越後の風物と良寛の心の交感は、人間味あふれると同時にどこか清らかで無垢の魂の存在を感じさせ、良寛の信仰が、ただ形而上的な思索の産物ではなく、生活そのものに深く根差したものであることをうかがわせる。関連した歌をここで引用しておこう。

早苗とる山田の小田の乙女子がうちあぐる唄の声のはるけさ
早稲ねひく乙女を見ればいそのかみ古りにし御代の思ほゆるかも

いくたびか草のいほりをうち出でて天つみ空を眺めつるかも
わが心雲の上まで通ひなば到らせたまへ天つ神漏岐《かみろき》
草の庵に脚さし伸べてをやま田の蛙《かはず》の声を聞かくしよしも
ほと〻ぎす汝《な》が鳴く声をなつかしみこの日くらしつその山のへに
ほと〻ぎす聞かずなりけりこの頃は日にけに繁きことのまぎれに
わが庵は森の下庵いつとても青葉のみこそ生ひ茂りつゝ
卯の花の咲きの盛りは野積山雪をわけゆく心地こそすれ
わが宿の竹の林は日に千たび行きて見れども飽きたらなくに
白妙の袖ふりはへてたなばたの天の川原にいまぞ立つらし

少年の日から良寛に親しみ、その才を傑出していると愛でられ、歌や詩文を学び、長じては家に招いて酒をもてなし歓談した鈴木文台によると、酷暑と酷寒の日には良寛は托鉢に出ることを避けた。老軀には耐えられなかったからであろう。ここに引用した歌の中でも五合庵や山腹からの眺望を歌った歌が多い。また、夏には涼風を味わい、親しい友人と酒杯を傾けた。老友、梅津竹丘を詠んだ詩には「南窓の下、意に随って坐し、君が瓜を食み、わが觴《さかずき》を挙げん」、「君が家殊に遠からず　晩際　涼に乗じて帰れ」とある。

客のない時には高く伸びた芭蕉の木がすぐ前にある窓の近くに座り、「歌を読み、また、詩を賦し」一日を過ごした。こうした日々、良寛はことさら貧しさを意識することもなく、満ち足りた気分を味わったに違いない。真の教養が貧しさや世間的地位を超え、至福の思いを抱かせるひと時である。これを西洋流に言えば、精神の貴族ということになるのであろう。

五合庵の秋

しかし、暑さと湿気に老軀は耐え難く、良寛は一日も早い秋の訪れを待ち望んだ。旧暦では七夕とともに秋が来て、涼風が立つ。七夕の歌を良寛が数多く詠んでいる理由の一つには、このことがあるに違いない。もちろん、牽牛と織女の天の川を挟んでの年に一度の逢瀬に先に述べたような若き日の思い出を重ねたこともあったとする想像も許されるとは思うが。

わが待ちし秋は来にけり月草の安の川辺に咲きゆく見れば

月草は露草の異名で、はかなく消える意があり、『古今集』に「いで人は言のみぞよき月草のうつし心は色ことにして」の読み人知らずの歌がある。ここでは牽牛と織女の比喩と考えていいだろう。安の川は天の川を意味する。

こうして凌ぎやすい秋が訪れると、良寛はまた托鉢に出かける。朝早く町に出ると、家々は炊《かし》ぎの煙を立て、夜来の雨に洗われた道は清々しい。ゆっくり乞食の行を続けて行くと、涼しい秋の風が吹き、どこまでも広い世界が目の前に出現してくる。良寛にとって行《ぎょう》は辛いばかりではなかったことが分かる。しかし、老いた良寛にとって、多くの場合、托鉢は楽な仕事ではなかった。肩は痩せて、嚢《ふくろ》の重さが食い込み、昔馴染みの人々は姿を消し、松や柏に吹き渡る風の音は悲哀を抱かせる。秋が深まり、霜の降りた朝には、冷たい風が顔を撫で、老いた肩に嚢はますます重く食い込む。やがて日は暮れ、庵までの山路は遠く、烈風が吹き過ぎて行く。おまけに鉢には何一つ入っていない。しかし、良寛にとって「飢えと寒さ」はどうということはない。出家した以上、こうした生活に陥ることは覚悟の上だった。庵に帰ったら、囲炉裏に葉のついたままの柴を焚き、静かに寒山や拾得、豊干の詩に読み耽る。くたびれれば両足を伸ばし、寝そべる。これが五合庵の日常だった。

しかし、良寛はこうした日々にあっても秋の名月を愉しみ、コオロギや鈴虫、キリギリスの鳴き声に心を動かされ、その鳴き声を心行くまで愉しんだ。

とくに、秋の夜空に冴える月を眺めることを好んだ。良寛の遺墨を可能な限り見て歩いた東郷豊治は「良寛の遺墨につぎつぎと接してみると、月の字がたいへん多く、また、それがきわめて変化に富んでいることに気がつく」と述べているが、漢詩にも歌にも月を詠んだものがとても多い。国上の山の松かげに上る月、五合庵の近くの木の間から洩れてくる月の光、露をおびた花ススキが風に揺れる彼方に望む月など、様々な時と場所に応じて月の形や光を愛でた。そして月の光に浮世を離れた別世界への思いを馳せた。良寛は秋の月だけではなく春の朧にかすむ月、冬の雪に映える月の光をも歌にしている。

時には目が冴えて眠られぬ夜、眠れぬままに杖を曳いて草庵の周囲を散策した。空には皓々と月が輝いている。この月を誰か見ているのだろうか、この月に誰が照らされているのだろうかと良寛は思いを巡らす。草庵に戻るころには、衣は夜露にすっかり濡れてしまっていた。

また『今昔物語集』にある兎が帝釈天の力により月の中に生まれ変わる「三獣菩薩の道を行じ、兎身を焼ける語」に想を得て「月の兎」と題した長歌を作っている。天の帝が地上にいる猿と狐と兎の三種の獣が仲良く暮らしているのを知り、翁に姿を変えて訪ねて行き、餓えた自分を救ってくれと願ったところ、猿は林から木の実を拾ってきて与え、狐は前の小川から魚をくわえてきた。ところが兎はあたりを飛び跳ねて食べるものを捜したが、何も得られなかった。そこで猿に柴を運ばせ、狐にそれを焚かせ、自ら火の中に飛び込んで身を焼き、翁に供した。この兎の行為を翁に姿を変えた天の帝はことのほか哀れみ、兎の体を抱いて月の宮に葬った。そこでいまでも月の中に兎がいるのである、という日本人の多くが幼いころ一度は耳にしたことのある話を長歌にしたのである。先に捨身飼虎の説話を良寛が詩にしたことを紹介したが、寒さにふるえる人間に自らの衣を脱いで与える良寛にとって自己犠牲ほど尊い行為はなかった。月を愛した良寛はそこに住むという兎に、究極の自己犠牲の姿を見出していたのである。この物語を聞くたびに良寛は「月の兎と　いふことは　それがもとにて　ありけりと　聞く我れさへに　しろたへの　ころもの袖は　徹りて濡れぬ」と涙せずにいられぬことを告白している。良寛がいかに鋭い感受性と深い慈悲の心を共存させていたかがよく分かる話である。

良寛が、萩、女郎花《おみなえし》、藤袴、白菊などの秋に咲く花々をこよなく愛したことも言うまでもない。月の光に萩の花をかざして歩き、花の紫の色が衣に染み込んでも厭わなかった。五合庵の周囲は萩の花で溢れ、どこに道があるのか分からないほどだった。月の光を浴びる女郎花になまめかしさを感じ、撫子とともに秋の訪れを喜んだ。五合庵の傍のススキに宿る白露はいつ見ても飽きることがなかった。朝の風に寒さを覚えるころに色付く紅葉はことさら良寛の心を捉えて離さなかった。初めて紅葉した葉を目にした時は、わざわざその葉のついた枝を手折り、五合庵への土産にした。静かな夜には紅葉の落ち葉の音に耳を澄ませた。

また、良寛を世に広く紹介した相馬御風は自身も越後の人であるが、良寛の秋雨の歌に触れて「越後の秋は雨が多い。初秋の頃はさほどでもないが、山の木の葉がそろそろ色づき初める頃から兎角雨の日が多くなる。しかも、秋の雨の音のわびしさは格別である。『もうじきまた冬がやって来る！』――さうしたさびしい思ひも伴ふからか、秋雨の音は時にはたまらない哀愁すらも誘ふ」（『良寛百考』）と述べている。

たしかに良寛の秋雨、それも深夜に降る秋の冷たい雨の歌を読んでいると、孤独な老法師の心を去来する様々な思いと同時に、人間存在の言い知れぬ孤独そのものが伝わってくるような気がする。小笹に降り注ぎ、晩稲を刈る農夫を濡らし、托鉢に出ようとする良寛の思いをよそに、いつ果てるともなく降り続く時雨は、実際の雨であるとともに、良寛の心象を映し出す雨でもあった。「心中の物を写さずんば　多しといえども　また　なにおかなさん」である。漢詩においても良寛は「秋夜、夜、まさに長し」、「草堂、雨やむ、二三更、孤燈、寂しく照らす、夢還るの辰（とき）」、「疎雨、蕭々たり、草庵の夜」といった詩句のある雨の夜に材を採った作品を多く残している。

こうした秋の風光と自らの感覚の照応を良寛が歌に詠んだことは言うまでもない。ここには良寛の秋の歌を引用する。

たれにしも浮世の外と思ふらむ隈なき月のかげを眺めて
秋の野のみ草刈り敷きひさかたのこよひの月を更くるまで見む
秋もやや衣手寒くなりにけりつづれさせてふ虫の声する
思ひつつ来つつ聞きつるこの夕べ声をつくして鳴けきりぎりす
この岡の秋萩すすき手折りてむわが衣手に染まば染むとも
朝夕の露をなさけの秋近み野べの撫子咲きそめにけり
秋の野の草むらごとに置く露は夜もすがら鳴く虫の涙か
秋もややうら淋しくぞなりにけり小笹に雨のそそぐを聞けば
残りなく国上の山はもみぢして後にぞ風は吹くべかりける
秋もやや残り少なになりぬればほとほと恋し小牡鹿《さおしか》の声

小夜嵐いたくな吹きそさらでだに柴のいほりの淋しきものを

農業の神聖視

ところで、秋はまた収穫の季節である。盆を過ぎると蒲原平野に拡がる広大な稲田は一斉に黄金の波を打つ。五合庵近在の農民たちは稲刈りに汗を流し、豊作であれば喜び、不作であれば嘆いたに違いない。良寛はこうした農民たちの収穫における喜びや嘆きを歌に詠んで当然だった。しかし、不思議なことに良寛は収穫の歌や詩をまったくと言っていいほど作っていない。歌では山田を守る老農夫の苦労を歌った数首があるが、それも雨の多い天候を心配して稲の出来を気遣う歌である。なぜ良寛は多くの農民たちに慕われ、自分も彼等と喜々として濁り酒を酌み交わしたりなどしているのに、彼等のもっとも気にかけ、大事にする収穫の時を歌わなかったのであろうか。良寛は歌っている。「労農ここに帰り来たり、我を見ること旧知のごとし。童を呼びて濁り酒を酌み、黍を蒸してさらにこれを勧む。師淡薄を厭わずば、しばしばここに茅茨《ぼうし》を訪えと。」

また、「鉢は香し、千家の飯」、「乞食す、東また西」、「城中、食を乞いおわり、得々として、嚢を携えて帰る」と歌い、「あしひきの山田の案山子《かかし》なれさへも穂拾う鳥を守るてふものを」と自分に比べ案山子の方がまだ農民たちの役に立っていると歌った良寛は、自分が農民たちの過酷な労働の産物である米を「乞食して」生きていることを痛切に自覚していた。自ら托鉢する僧が食を乞い受ける時の心得と作法を詳しく述べた「請受食文」を著していることにもその事実は明らかである。その中に「五観の文」を引用しているが、そこには食を受けるに際しては「一つには食物の作られるまでの苦労の並々ならぬことを思い、二つには食物の由って来たる処をおもい、三つには自分が勉めているかなまけているかを計って供養を受け、四つには修行のため痩せた肉体をいやさんがために、五には身を保って仏道の修行を成就させんがために、この食をいただくのだ」（東郷豊治訳）という厳しい誡めの語が連ねられている。受食が僧にとっていかに大事な修行の道であるかを説いてやまないのである。その良寛が田植えの歌を読み、天候に恵まれることを天に祈る歌を読んでいても収穫の歌を詠まない。なぜなのだろうか。先行する研究者もこの点についてはまったく触れていない。私はここにも良寛の謎が存在すると考える。私ごときが良寛について何か書くことが許されると思うのは、年譜の謎に接した時ではなく、こうした謎に接した時である。良寛のもっとも良き理解者の一人である東郷豊治も「受食請文」は良寛の行乞実践の精神を知る好個の資料であり、最古の良寛詩集である『草堂集』にも収録されていることを指摘しているが、良寛が収穫の歌を詠まなかったことには触れていない。水上勉は飢饉が迫り、一揆が頻発する時世にあって行乞に頼って暮らす良寛の生活を厳しく批判しているが、この点については何も言っていない。

私は、良寛が収穫の歌を歌わなかったのは、何よりも自分が生産に携わっていないことを深く自覚していたからだと考える。乞食を行とする僧侶が、農民の労働の成果である「米」に強く依拠していることを知りぬいていた良寛は直接、収穫の喜びを歌うことを意識的に避けたとしか考えられない。そしてこのように考えると、良寛の「奇行」とされるものの中に、実は農民の生活を支える米が実り豊かであることを心から願ったものがあると考えざるを得ないことに思い至るのである。たとえば、『良寛禅師奇話』の中に「郷土の言葉で稲が豊かに熟することを『ぼなる』という。ぼなる、は吼えるということなのであろう。師はこれを聞いて、稲が吼える音を聞こうとして、一晩中、田の間をさまよっていられた」とある。これは文字通り読めば良寛の奇行であるが、同時に稲の「豊かに熟する」ことを願った良寛が祈るような思いを込めて一晩中田圃の中をさまよったと解することも可能であろう。初夏の夕べ、蛙の鳴き声に耳を澄まし続けたという「奇行」も稲の順調な生育を願ってのことと説明できるであろう。さらに、良寛が熱狂的に盆踊りを好んだという事実は、この時だけは生産とは関係なくとも農民と完全に一体となることを許される時間であると良寛が感じていたからではないだろうか。良寛にとっては稲の「ぼなる」音を聞こうとして夜通し田の中を徘徊することも、土手で蛙の声に耳を澄ますことも、豊作を祝う盆踊りに熱中することもすべて「愛心」の実践であったと私は考える。

『全伝』には、農作業を「一粒万倍の労」として神聖視し、収穫の時期ともなると、自分で農民たちが働いている姿を絵に描き、草庵の壁に貼って香華を供えたと記されている。収穫は農民たちの神聖な行事であり、自分にはただ豊作を祈ることのみ許されていたと考えていたのであろう。良寛にあっては労働と求道は完全に一体化していたのであり、寺院での日常の労働である作務を重んじる禅の伝統を、農作業を神聖化するという形で受け継いだと思える。

五合庵の冬

淋しい夜の雨が降り続く秋が終わると、越後には雪に埋もれる冬がやって来る。

越後の冬と雪は昔も今も切っても切れない関係にある。名うての豪雪地帯である越後の冬はあたり一面が雪に覆いつくされ、雪は軒下まで積り、屋根に積もった雪を降ろす作業は、重労働である。今日では除雪車はじめ、雪掻きのための便利な機械がいろいろ出来て昔に比べればずいぶん楽になったと言われるが、それでも高く積った雪を掻き出す苦労は並大抵のものではない。野も山も雪に埋もれる冬を良寛は五合庵でどう過ごしたか。

初冬の晴れた日は清々しい朝を迎える。遠くの山の峰に朝日が昇り、五合庵にも明るい日が射し込む。子供たちが門のところまで遊びに来ており、軒端では雀が鳴き交わしている。囲炉裏にお気に入りの香を焚き、正座して親しい友人たちのことを思い、誰のところを訪ねようかと杖を手にして考える。

しかし、毎日雪が降るころになると、どこを見ても白一色の景色となり、どの道にもほとんど人影を見ない。草庵の戸を閉ざし、一晩中、囲炉裏に粗朶《そだ》を焚き、漢詩を読み、万葉集を繙く。時に、山頂から猿の鳴き声が聞こえてくることがあり、いつも水を汲みに行く谷川の流れも凍って音を立てない。机の上に置いてある硯の水も乾いてしまう。寝付くこともままならず、起き上がって筆先に息を吹きかけながら数篇の詩を作る。

真冬になると六畳一間の五合庵で暮らす良寛の老軀に飢えと寒さは耐え難くなる。良寛はその辛苦を細かく述べることはしないが、詩や歌から十分想像できる。粥を啜って寒い夜を過ごし、温かい春の日差しを待ち焦がれる。しかし、誰かにわずかでも米を乞わなければ露命をつなぐことすら出来なくなる日々が訪れる。そこで解良栄重や阿部定珍に手紙を書いて困窮を訴え、援助を頼むことになる。阿部定珍や解良叔問には書物を借りたお礼の手紙とともに、食物の寄贈を感謝する手紙を何通も送っている。

「御歳暮として酒一樽・にむじむ・牛蒡・油偈、恭しくお受候。年月はいきかもするにおいらくのくれはいかずに何つもるらむ　しはす二十一日　良寛　定珍老」

「歳暮として酒・野菜品々たまはり拝受仕候、暮にさしあたりて使の人いそぎ候故、御返しは永春の時を期し候、さて私も此風にて大いにいたみ、此世のものとは覚えず候、しかし三両日は少々快気仕候」(阿部定珍宛、十二月二十九日)

「今日は、こんぶ・たはしたしかに相とどき候、先日は菊のみそづけたまはり珍味仕候、且又貧人に餅多くたまはり大慶に奉存候、暖気催候はば参上仕度候、敬白。正月廿日　良寛　解良叔問老」

このほか鈴木桐軒・文台兄弟はじめ多くの人々が良寛に食品を提供していた。鈴木文台の子孫で、後の京都帝大教授、鈴木虎雄による解良叔問が晩年の良寛の生活物資の面倒を見ていたという証言を『全伝』は引用している。

こうして善意の人々によって良寛の生活は支えられていたが、老いは確実に迫り、冬の夜の孤独は時に良寛においても耐え難いものであったろう。

囲炉裏に榾《ほた》を焚いていると風や雪が窓を打つ音がする。そんな時には元気に各地を行脚した壮年の日が偲ばれる。春が来るまで命が持つなら、また錫杖を鳴らして村の家々を巡り、懐かしい人々に逢いたいものだとしきりに思う。江戸時代の平均寿命が五十に満たないことを思うと、良寛が七十半ば近くまで生きたことは奇跡に近いと思える。

こうした日々の思いを詩に托し、歌に託し、良寛は厳しい冬を何度も乗り越えた。良寛の冬の歌をいくつか挙げておく。

あしひきの　国上のやまの　冬ごもり　日に日に雪の　降るなべに　ゆききの道の　あとも絶え　ふるさと人の　音もなし　うき世をここに　かど鎖して　飛騨の工が　うつなはのただひと筋の　岩清水　そをいのちにて　あらたまの　ことしのけふも　くらしつるかも

小夜更けて門田の畔に鳴く鴫の羽がひの上に霜や置くらむ
ひさかたの雪野に立てる白鷺はおのが姿に身をかくしつつ
わが宿は国上山もと冬ごもり峯にも尾にも雪のふりつつ
飯乞ふと里にも出でずなりにけり昨日も今日も雪の降るれば

なにとなく心さやぎていねられずあしたは春のはじめと思へば（明日春・元日と云う夜）

雪国の冬の厳しさと良寛の孤独な生活が伝わってくる歌群であるが、最後の一首は還暦を過ぎても新年を迎える喜びに子供のように心弾ませる、良寛の真面目を伝えている。

七　良寛をめぐる人々

良寛の社会観

良寛は曹洞宗の宗門から離れ、故郷の草庵を転々として暮らすようになった自分を次のように歌っている。

襤褸《らんる》　また襤褸
襤褸　これ生涯
食は　路辺に取り
家は　実に蒿萊《こうらい》に委ぬ。
月を看《み》て　終夜嘯《うそぶ》き

襤褸又襤褸
襤褸是生涯
食裁取路辺
家実委蒿萊
看月終夜嘯

花に迷うて　ここに帰らず。　迷花言不帰
ひとたび　保社を出しより　自一出保社
錯って　この駑駘となる。　錯為箇駑駘
（いつも衣はぼろぼろで　ぼろをまとって過ごす一生　行乞で何とか飢えを凌ぎ　家には雑草がまといつき　一晩中月を眺めては詩を口ずさむ　花を尋ねて歩いて庵には戻らない　寺院の生活におさらばしてから　間違ってバカになってしまった）

概して組織や集団を離れると、そこに馴染んだ人間の生活が困窮するのは今も昔も変わらない。寺院での保障された生活を捨てることは、江戸時代なら浪人、現代で言えば、正社員から非正規労働者になるようなものだ。山中の庵で貧しい生活に耐え、自然の美しい変化を愛で、陶淵明や『荘子』を愛読した良寛の生き方は、見方によっては隠遁、隠逸思想の影響によると考えられる。しかし、次のような歌を読むと、良寛が世捨て人であったとはとても言い難い。

いざ吾も浮世の中に交じりなむ去年《こぞ》の古巣をけさ立ち出でて
鳥は鳴く木々の梢に花は咲くわれも浮世にいざ交じりなむ

こうした歌には、世俗から離れた寺院での暮らしと決別し、世間の人々の生活に触れてその中で生きて行こうとする強い決意がうかがえる。さらに、現実の社会に生きる人々とじかに接し、彼等の悩みや苦しみを少しでも軽くすることが仏法の実践であるとする考え方が次のような歌には滲んでいる。

墨染の　わが衣手の　ひろくありせば　世の中の　まどしき民を　覆はましものを
夜は寒し麻の衣はいとうすしうき世の民になにをかけまし
語らずにあるべきものをほとほとに人の子ゆゑに濡るる袖かな
わが袖は涙に朽ちぬ小夜ふけてうき世のなかのひとを思ふに

また、日々の暮らしを精一杯生きる民衆の立場に立って、時の為政者を諫め、批判する歌を詠んでいる。

いにしへの人の踏みけむ古道は荒れにけるかも行く人なしに
うちわたす県司《あがたつかさ》にもの申すもとの心を忘らすなゆめ
しろしめす民が悪しくばわれからと身を咎めてよ民があしくば
もののふの真弓白弓梓弓張りなばなどか弛めならなむ

昭和五年に新潟県内務部が刊行した『越後佐渡農民運動』の付録である「越後佐渡農民騒動年代表」（北川省一『良寛　その大愚の生涯』掲載）を見ると、十八世紀末から十九世紀初頭にかけて、良寛の生活した五合庵の近くの蒲原平野では一揆や強訴、打ちこわしが頻発しており、農民たちが餓死か決起かというぎりぎりの選択を迫られていたことがよく分かる。年貢の重さに苦しむ農民が領主に重課の軽減を訴える最後の手段が一揆であった。「長岡甚句」には「重い水牢体が縮むとのさ助けてくれ　アリア　一日も早く」という台詞がある。当時の農民が不作の年、年貢を払えず水牢に入れられた苦しみを歌った文句である。天明の大飢饉が東北地方に与えた影響は深刻だった。古くから「越後名物、大地主、米つき、遊女」と言われてきたが、色が白くもち肌で辛抱強い越後女は、各地の遊郭で高い値が付いた。凶作の年は、女衒《ぜげん》に娘を売る農家が増えた。越後は真宗の影響が強くほかの地方の農村に比べ、間引きが少なかったと言われるが、凶作の年にはやむを得ず間引きも行われたであろう。江戸の商家に奉公に出る次男、三男も多かった。とくに越後出身者は銭湯経営者が多く、銭湯の洗い場で客の背中を流す「三助」は越後出身者がほとんどだった。良寛はこうした事態に始終身近に接し、治世の要諦を歌に詠んでいるのである。良寛の政治的・社会的関心の強さを示すものであり、彼が世捨て人ではなかったことを何よりも強く示す証拠であると言っていいだろう。

解良栄重が『良寛禅師奇話』で述べているように、良寛が他人を批判することは滅多になかった。実家の橘屋と争い、高札場と代官所を出雲崎から尼崎に移転させた京屋の当主鳥井尚寛が数寄を凝らした豪華な別邸を建てた時「貧スレバ鈍スル」と言った時だけだったと栄重は記している。ましてや普段の良寛から権力者を真っ向から批判することなど想像しにくかったであろう。また、当時の日本には言論の自由などは存在せず、幕府批判、為政者批判をしただけで手が後ろに回る恐れさえあった。そこで、戯作や芝居に託して権力を風刺したり批判したりするのだが、そうした行為ですら幕府は許さないことが多々あった。それにもかかわらず真っ向から良寛は為政者の批判をしているのである。もちろん良寛は為政者としての心構えの重要性を説いているのである。具体的に制度の欠陥や「役人の子はニギニギをよく覚え」といった川柳に代表される汚吏の横行を批判しているわけではない。いまで言えば県知事に当たる人間に、為政者の初心を忘れるなと誡め、民を咎める前に自分の姿勢を顧みよと説いているのである。鼓腹撃壊の理想を説いていると言っていいだろう。しかし、北川省一のように良寛のこうした歌から、柏崎を拠点にする平田篤胤門下の尊王運動の中心に「托鉢僧良寛がいて、あたかも非合法組織のレポみたいな存在だったのではないだろうか」（『良寛　その大愚の生涯』）と説く研究者も存在する。私にはとても肯えない説である。良寛の為政者批判は、為政者に求められるもっとも基本的な姿勢の欠落、「愛心」の欠如への批判としか思えない。良寛が、理想のためとはいえ時に暴力や殺人を扇動する政治活動に加わることなどまったくあり得なかったと考えるのである。

北川省一は一高から東大に進み、戦後は共産党員として左翼運動に奔走し、挫折した後、熱烈な良寛ファンになった人物だが、彼もスターリンのソ連を知れば知るほど、社会の変革は社会制度を変えるだけでは不可能で、指導者が「愛心」を持つことの重要性に気が付いたのであろう。つい最近の日本でも一九九〇年初頭のバブル崩壊という金融当局の大失政以後、新自由主義者の影響力が強くなり始めた。しかし、彼等の唱える「改革」が進められれば進められるほど社会の格差が拡大し、貧困層の増大を招くという事態が出現した。現代の為政者の「愛心」の欠落を象徴するような事態であった。

良寛の実家、山本家の没落

良寛は権力をかさに着たり、金で人を動かそうとする人々と親しむことはなかったが、彼の周囲の人々には老若男女を問わず、つねに「愛心」を忘れなかった。「能力」をすべてに優先する考え方の危険を知りぬいていた。社会的地位も貧富の差もまったく関係なくすべての人に親しみ、家族に対しても他人に対しても分け隔てなく「愛心」を以て接した。

ところが、良寛の五合庵時代に、良寛に代わって出雲崎の橘屋の名主を継いだ弟の由之が所払いに遭うという事件が出来した。

ここで良寛の家族にもう一度触れておくが、京都で行方不明になった父の以南と母の秀の間に、長男の良寛、長女むら子、次男由之、三男宥澄、次女たか子、四男香、三女みか子の七人の子があった。

長男の栄蔵こと、良寛が出家した後、家督は次男の由之に譲られたが、渡辺秀英『良寛の弟　山本由之』に詳しく記されているように、由之も良寛と同様、名主にはまったく向かない文人肌の人物だった。歌人の大村光枝と親しく接し、和歌や国文学の素養を身に着けていた。またなかなかの遊び人で、良寛から次のような戒告の手紙を送られている。

「人も三十、四十を越ては、おとろえゆくものなれば、随分御養生可被遊候。大酒飽淫は実に命をきる斧なり、ゆめゆめすごされぬよふにあそばさるべく候。七尺の屏風もおどらばなどか越えざらむ。羅綾の袂も、ひかばなどかたへざらむ。をのれほりするところなりとも制せばなどかやまざらむ。」大酒と行き過ぎた女遊びを、体によくないからやめろ、自制心を持て、と諌めているのである。

遊び人だけだったならばまだよかったのだが、名主としてもまったくだらしなかった。良寛の「無能」よりもっと始末の悪い「堕落」、自制心の欠如が問題になったのである。橘屋の衰退は、以南の時代からすでに始まっていた。出雲崎にあった金紋高札を掲げる権利も、佐渡で産出した金の揚陸地も尼瀬に移されてしまっていた。それでも母の秀の生きている間は、彼女の差配によって何とか体面を維持していたものの、彼女が死んでしまった後に橘屋の衰退は加速された。とにかく自分の派手な生活を維持するために町民への課税を重くしていたのである。さらに問題となったのは、尼瀬に近い稲荷町に移った代官所を出雲崎へ再移転させるために江戸へ上り、長期滞在して三百両という大金を浪費したことだった。もちろんその明細は明らかではなかった。そこで出雲崎の町民たちは怒り心頭に発し、文化元年七月、惣代が出雲崎役所に「橘屋の非行調べ」を出願し、翌年三月には農民八十四名が水原奉行所へ訴訟を起こした。その訴状を読むと、訳の分からぬ金を数年間のうちに六百三十両も取り立てられたというのである。また「町入用満雑」と称し、一年間でおよそ六百貫を取り立てられた。さらに、親子揃って武士並みに馬を二頭も飼うなど、わがままのし放題で、こんな連中が名主のままだったらとんでもないことになる、よくよく吟味願いたいという趣旨の訴状であった。奉行所、代官所が吟味した結果、五年後の文化七年十一月に橘屋に対して「家財取り上げ所払い」の判決が下された。多くの良寛研究家はこの訴状は尼崎の敦賀屋側の立場で書かれてはいるが、判決は妥当だという点で、一致している。出雲崎代々の名家もここで命脈尽きた。

翌文化八年に由之は馬之助（泰樹）に家督を譲り、諸国放浪の旅に出た。良寛がこの訴訟の間、由之に対してどんな感情を抱いていたかは明らかではない。世渡りの下手な点に自分の性向を重ね同情の念を抱いていたかもしれないが、敦賀屋のそそのかしがあったにしても「所払い」という刑を課された由之の行状に対しては、先に紹介した手紙からも分かるように、批判的であったに違いない。所払いになった後、由之は越前、近江、京都、伊勢などを歴訪し、一時越後に戻った後、また東北や松前を歩き、歌人として一家をなした。晩年は越後与板に松下庵という名の庵を結び、和歌・国文を講じ、多くの弟子たちに慕われた。また、文法書『くらげの骨』、『百人一首注釈』、『橘由之日記』などを著し、悠々自適の生活を送った。

良寛も、名主役を辞め、諸国放浪の旅に出かけ、歌人としての研鑽を積んだ後の由之に対しては理解を示し、交流を続け、歌のやり取りを愉しんだ。一例を挙げれば、由之が文政十二年の春、中蒲原郡五泉町付近の小山田の花見に出かけると言って詠んだ一首、

しをりして行くとはすれど老いの身は是やかぎりの門出にもあらん

に対して、

小山田の山田の花を見む日には一枝は送れ風のたよりに

の歌を返している。渡辺秀英の『良寛の弟　山本由之』には由之と良寛の晩年の歌のやり取りが詳しく記されており、老いた兄弟二人が歌を通じて心を通わせていたことがよく分かる。良寛や由之が有能な名主であったら、二人の名が歴史に残ることはまずあり得なかったであろう。二人とも当時の社会からのいわゆる「おちこぼれ」であったがゆえに歴史に名を遺したと言えるかもしれない。

良寛の二番目の弟、宥澄は橘屋の菩提寺園名院の第八世快雅により得度し、後に円名院住職となり観山と号した。また、牡丹の花で有名な大和長谷寺で修行を重ね、仏学を修め、碩学として知られたと言われるが詳しいことは分からない。良寛は次の一首によって宥澄を追悼している。

はらからの阿闍梨《あじやり》のみまかりし頃に皆来て法門のことを語りて
おもかげの夢にうつらふかとすればさながら人の世にこそありけれ

三番目の弟は父以南の死のところでも触れたが、字を子測、澹斎と号し、京都で文章博士高辻家（菅原長親卿）の儒官を務めるほどの学識があり、皇室にも出入りしたが惜しいことに早逝した。良寛の姉妹には、妹のむら子、たか子、みか子の三人がおり、そのうちむら子は寺泊の外山茂右門に嫁し、晩年は能登の国滝谷法華寺瀧谷寺に隠居したと伝えられているが、寺泊にいたころは良寛の面倒をよく見ていたらしい。次のような良寛の証文の他、数通の手紙が残されている。

覚
一銭四百文
右之通りたしかに請取申候
子ノ三月四日　　　良寛
おむら殿

この証文については外山に四百文の銭を必要があって借りに行ったところ、主人が留守だったので、針仕事をしていたむら子に借金を申し込んだが、「自分の一存では四百文もの大金を渡せないが、証文を書けば上げましょう」と言われ、良寛が書いて渡したものであるという。むら子が返済を当てにせず、自分のへそくりの中から用立てた金かもしれない。

みか子は出雲崎町羽黒町浄玄寺の住職だった大久保智現に嫁し、晩年自らも薙髪《ちはつ》して妙現尼を名乗った。彼女は和歌にも堪能で歌集二冊を残している。

相馬御風は『良寛百考』の中で、「山本由之と云ひ、橘澹斎と云ひ、又此の妙現尼と云ひ、そろひも揃って良寛和尚の兄弟がさうした（和歌の）方面に卓越した天分を持ってゐたことは、まことに異とすべきである」と言っている。一方で、弟の宥澄が出家し、妹のむら子、みか子がそれぞれ寺院に嫁いでいる。兄妹が等しく風雅の世界に親しみ、仏門に帰依する姿に、多くの人は、没落した一族に生まれた人間の血と避け難い運命との物語を期せずして読み取るに違いない。しかし、良寛にとっては、そんなことはどうでもいいことであっただろう。

阿部定珍との親交

五合庵時代以後の良寛は、貧富を問わず蒲原平野に住む多様な人々と親しみ、多くの人から慕われ、敬われ、時に援助の手を差し伸べられた。手を差し伸べる人々もそれを受け入れる良寛も、ごく自然な態度でそれを行った。良寛の「愛心」がいつの間にか五合庵付近に拡がって行ったと言っても過言ではないだろう。

良寛と親しく交わり、進んで援助の手を差し伸べた人々の中には地元の名士も多数存在した。国上山の麓の渡部の阿部定珍、真木山の原田鵲斎、正貞の親子、牧ヶ花の解良叔問、栄重親子、地蔵堂の富取一家、島崎の木村元右衛門、竹ヶ花の梅津間兵衛、三条宝塔院の隆全和尚、与板の三輪権兵衛・左一兄弟、同じ与板の山田杜皐、などたちまち十指に余る。

中でもとくに気が合い、歌のやり取りをはじめ、深い交際があったのは、阿部定珍であった。良寛が定珍に宛てて書いた四十七通の手紙が残されている。もちろんとびぬけて多い数である。阿部家は解良家、木村家と並び、北越の御三家と称されていた。

定珍は地元で元禄時代から庄屋を務める傍ら酒造業を営む旧家、阿部家の七代目で、江戸に三年間遊学し、和歌や詩文を学んだ教養人であると同時に『法華経』の熱心な信者だった。嵐窓、月華亭、養生館などを号とした。

良寛は曹洞宗の僧であったが、定珍と同様、『法華経』を持すること篤く、『正法眼蔵』とともに『法華経』は座右の経典だった。疱瘡の流行した年に死んだ知人の子供を悼み、「その夜は法華経を読経して、有縁のわらはに回向《えこう》すとて」という詞書を付した歌がある。

知る知らぬいざなひ給へみ仏の法の蓮の花のうてなに

『法華経』の「化城喩品《けじょうゆほん》」の中に「願以此功徳　普及於一切　我等與衆生　皆共成仏道」（願わくは

この功徳をもって　普く一切に及ぼし　われ等と衆生と　皆、共に仏道を成ぜん）という一文がある。鎌田茂雄はこの一文について「この文は、自分はいま仏に帰依して、自分たちが救われるばかりではなく、仏の教えが一切の人々の間に行きわたって、我らと衆生とが皆共に仏の境界に向かって進むようになりたいものである、という願いを述べたものである」（『法華経を読む』、講談社学術文庫、一九九四）と解説している。私は『法華経』の中にしばしばみられる衆生の済度を願ったこうした語句を、良寛は道元の「愛語」に通じるものと思っていたのではないかと考えている。そしておそらく定珍も良寛と同じように考えていたのではなかろうかと想像するのである。五合庵で、良寛と定珍が秋の空に懸かった月を見上げながら、『法華経』について語り合う姿を想像すると、それだけで自分も救われるような気がする。良寛が定珍に与えた歌に次の一首がある。

月よみの光を待ちて帰りませ山路は栗の毬のおつれば

東郷豊治は村山半牧の『僧良寛歌集』に最後の一句が「多きに」と記され、以後、それが世間に流布しているが、彼の目にした遺墨の中には「多きに」と記された例は一つもないから「おつれば」を採ると述べている。私はこの最後の句を「多きに」と覚えてきたが、どちらにしてもいい歌である。歌を贈られた相手が定珍であることなど知らず、中学生の時に覚えて以来、月の澄んだ夜には必ずと言っていいほどこの歌を思い出し、時に口ずさむこともある。良寛の「愛心」と「衆生済度」の思いが、定珍と別れる名残惜しさと、その帰路を気遣うやさしさを通じて、時空を超えて伝わってくる。間違いなく名歌であると私は確信する。

定珍は庄屋として当時の地域社会でいろいろの困難に遭遇し、心労が絶えない日々もあっただろう。その時、『法華経』を唱え、救われることもあったに違いないが、それでもなお心が晴れない日には良寛を訪ねたのではないか。もちろん浮世の苦労を良寛に話すことなどなく、ただ二人で四季の風物を愛で、歌や詩文を談じ、『法華経』の功徳を語り合うだけで、いや、良寛と一緒に時を過ごすだけで、定珍の鬱屈した思いは消え去り、心の中を清々しい風が吹き抜けるような思いを抱いたに違いない。帰りがけには、良寛の生活に必要な物資が欠けているか否かに心を配り、足りないものがあれば、いつでも言ってよこすように伝えただろう。定珍は良寛の法弟であり、詩歌の友であり、生活の外護者であったと言っていい。加藤僖一によると、阿部家には『仙覚本万葉集』全二十巻があり、良寛が朱注を施しながら万葉研究に励んだ様子がうかがえるという。

ちなみに、良寛に「和韻」と題した定珍を詠んだ詩がある。

燭を把る　嵐窓の夜
夜　静かにして　雪華　飛ぶ
逍遥　みな　自得す
いずれか是にして　また　いずれか非なる。

把燭嵐窓夜
夜静雪華飛
逍遥皆自得
何是復何非

（阿部家の部屋には明るい蠟燭が点っている　夜はしんしんと更け、外には雪が舞っている　ふたりとものんびり寛ぎ、心は満ち足りている　何かの是非を論じるなどは無縁のこと）

雪の降る夜、阿部家の屋敷の一室で、貧富の差も、社会的地位の差も超えて、心を許し合った友二人がのんびり過ごしている姿が目に浮かんでくる。二人の友情がいかに深いものであったかがよく分かる。

また、定珍の五合庵への来訪を心待ちする気持ちを詠んだ歌も数多く存在する。

たれびとか障（さゝ）へやすらむたまぼこの道忘れてか君が来まさぬ
十日まり早くありせばあしひきの山のもみぢを見せましものを
夜もすがら草のいほりに柴たいて語りしことをいつか忘れむ
間瀬の浦の海人の刈る藻のよりよりに君も訪ひ来よ我れも待ちな

間瀬は弥彦山の西にある漁村である。二首目、三首目の歌には定珍の次の返しがある。

いつとてもしひてみあへはなけれども立つこと難きこのいほりかな
山かげのこのしたいほに宿かりて語り果てねば夜ぞふけにける

相馬御風は『良寛百考』の中で阿部定珍の歌を評し、「良寛周囲の人々の中にあって、おのづから一脈良寛の歌と相通ずるところの歌を詠み得た唯一人があった。それは五合庵時代に於ける良寛の最も大切な施主であり、且最も心の合った詞友でもあった阿部定珍その人である」と述べている。

良寛と対等に詩文や『法華経』を談じ、歌のやり取りの出来る、当時の地方の庄屋たちの教養がいかに深いものであったかがよく分かる。またこれは明治になってからであるが、夏目漱石は『それから』の中で、主人公代助の父親の実業家の考えを、「父は普通の実業なるものの困難と危険と繁劇と、それ等から生ずる当事者の心の苦痛及び緊張の恐るべきを説いた。最後に地方の大地主の、一見地味であって、その実自分らよりずっと鞏固の基礎を有していることを述べた」と記している。江戸時代においても漱石のこの説はそのまま地方の地主に当てはまっただろう。彼等の強固な経済的基盤の上に立って、代々続く深い教養が生まれ、また芸術や芸能の庇護者としての力も存分に発揮されたのであろう。戦後の農地改革によって、地方の大地主階級は消滅したが、強固な経済的基盤と豊かな教養の所有者が現代の地方社会に存在することも事実である。規模の差があるとはいえ、近代の財閥企業や戦後の企業グループの創業家がせいぜい二、三代でその力を失ってしまうのと対照的である。北越の阿部家は、今日も名家として尊敬され、存在し続けている。

定珍は晩年、妻のわか、息子の定緝を伴って四国の八十八か所霊場巡りの旅に出かけ、途中、高知の窪川町で病に倒れ、生涯を終えた。天保九年六月のことで、良寛が死んでから七年経っていた。

良寛の大外護者としての解良叔問

定珍の次に良寛が多くの手紙を書いた相手が解良叔問で、二十通の手紙が残されている。

解良家は西蒲原郡分水町牧ケ花で代々村上藩の庄屋役を務めた豪農として、御内用金を献じて藩の財政に貢献し、名字帯刀を許された名家だった。叔問は号で、本名喜惣左衛門栄綿《ひでつら》は、第十代の当主である。

相馬御風の『大愚良寛』には良寛の時代から続く解良家の屋敷についての記述があるが、当時の地方の大庄屋の生活を知るために参考になるので、その部分を引用しておこう。

「解良氏の屋敷は川に沿うて構へられてゐた。古風な門を入ると、右手に大きな土蔵があり、正面の前庭は詩趣に富んだ細竹が植え込まれてゐた。そこを右に廻って入ると、萱葺のいかにも古風な、驚くべき大きな本館があった。玄関には注連縄《しめなわ》が張られてあった。案内を乞うと、袴をはき衣紋を正した白髪長髯の老執事が二人出迎へた。主人はまだ四十を幾つも出て居られないと思はれる若い、はきはきした、気持の良い紳士であったが、家事の万事は現代稀に見る古風を以て充たされてゐた。しかもそれは現代的な貴族風とは全然趣を異にし、味はひを異にした、いかにも気持ちの好い空気を漂はせてゐた。
解良氏との会談を始めて間もなく私達は私達の今居る此の家が、良寛その人の訪ねた当時のままの家であることを知った。画家嵐渓の苦心を重ねて築いたと云はれる庭のたたずまひも、私達に云ひようのないしっとりした気分を与へた。」

出雲崎の名主の家で育った良寛は、解良家を訪れるたびに、五合庵からたまに実家の屋敷に戻ったような気分を味わったに違いない。

また、『全伝』には、良寛の生活費は主として解良家が賄っていたと察することが出来るとし、代々の主人は農民たちに敬われ、慕われ、解良家の門前を過ぎる時、小作人はその米蔵に向かって必ず目礼するとあり、「禅師（良寛）に因《よ》りて解良氏を知り、解良氏に縋りて禅師を解すべし」と記されている。良寛は当主の叔問のみならず、息子の栄重をはじめ、解良家の全員と親しく接し、あたかも家族の一員であるかのように遇されていたことが先に引用した栄重の『良寛禅師奇話』から推察することが出来る。時には酒を酌み交わしたり、すでに記したことだが、小銭を賭けて囲碁に興じた。『良寛禅師奇話』には「師は銭をかけて碁を囲むこともあった。人は多くは師に勝ちをゆずった。師は銭が多くたまってやりどころがないという。また人は銭がないことをうれい、私は銭が多いことをなやむと」と記されている。叔問はずいぶん良寛に負けたことだろうと想像するだけで、心が和やかになってくる。

阿部定珍との交わりは、文人同士の心の置けない付き合いだったと考えられるのに対し、叔問との付き合いはお互いの人格に敬意を抱く者同士の交際であったと考えられる。

良寛の叔問に宛てた手紙を読むと、ほとんどが食品を中心にした日常の必需品を贈ってもらったことへの礼状である。米から始まり、餅、羊羹、こんぶ、ミソマメ、茶、カボチャ、なすといった食品から煙草のような嗜好品、さらにはタワシといった日用品まで贈答品の中に入っている。それればかりではなく、たまたま巡りあった乞食女とその子供たちに何か恵んでやってくれという元旦の日付の依頼状まである。この女は近在のものだが、夫が他国の土木工事に行き、どうしたことか冬になっても帰国せず、まだ十歳にも達しない子供を多く抱え、今年の春は近くの村々を、乞食をして回ってその日を送っている。自分は貧しいのでとても助けてやれないので、何でもいいからこの女乞食に何か恵んでください、といった内容が記されている。この紹介状について相馬御風は良寛には紹介状は他に見当たらないが、この紹介状は「とりわけ書も立派に、字の配列も行儀よく書かれていた」ので、喜ばしかったと述べている。女乞食のために、「立派に、字の配列も行儀よく」依頼状の筆を執っている良寛の姿を想像すると、何とも心温まる思いがする。叔問ももちろん良寛の依頼に応え、この乞食女に多くの餅を与えた。良寛は「貧人に餅多くたまはり大慶に奉存候」と正月廿日付の礼状を出している。乞食女は大喜びで良寛のところに報告に行ったのであろう。「愛語は愛心よりおこる」を地で行くような行為である。しかし、正月早々、女乞食が良寛の紹介状を携えてやって来たことに、叔問はさぞ驚いたことであろう。

こうした叔問の善意に応えるように、良寛も叔問の依頼には喜んで応じている。その一つが、叔問が帰信する『法華経』の書写だった。文化十四年(一八一七)三月、叔問は自邸の中に一体の地蔵尊を建て、その地蔵の下に『法華経』を埋めることで衆生済度を願ったが、その『法華経』の書写を良寛に頼んだのである。良寛はこの時病気だったが、快くこの依頼を引き受け、書写を完成させた。「病中ゆゑ筆力無之御免被下候　紙は使尽候　筆は御返申上候」、病気中なので筆の力が弱くてすみません、紙は使い尽しました、筆はお返しします、という内容の手紙である。紙も筆も極上のものであったに違いない。叔問はこの『法華経』を地蔵尊の下に埋めたからいまは朽ち果て跡形もなく土に返っているだろう。しかし、良寛と叔問の友情と信頼は土の中で朽ちて行った紙の『法華経』の精神をいまに伝えている。

さらに『良寛禅師奇話』には、良寛を尊敬し、しばしば五合庵を訪れていた井上桐麿呂という人物が、当時の善人を良寛に尋ねたところ、解良叔問の存在を教えたために、以後、桐麿呂は解良家をしばしば訪れるようになったという話が伝えられている。

良寛は叔問の長男で一時放蕩した孫右衛門に次の詩を贈っている。
如今　四海　清平の世
人心ようやく惰《おこた》り　軽靡《けいび》に移る。
ために報ず　故人よく自愛して
永く　淳風をして帰するところあらしめよ
如今四海清平世
人心漸惰移軽靡
為報故人能自愛
永令淳風有所帰

（現在の平和な世に馴れ　人の心は堕落し、軽薄になりがちだ　それだからあなたに申し上げるが、
自分を大事にし　長くあなたの家のすばらしい家風を守ってください）

良寛に肉親のように接した木村家の人々

良寛は五合庵から麓の乙子神社境内の草庵に文化十四、五年（一八一七―八）に移住している。加齢により、薪水を得るために国上山の坂を上り下りする労に耐えられなくなったからだという説もあるが、その後、大行脚を試みているので、この説も真偽のほどは不明である。その後、文政九年（一八二六）、長年暮らした国上村を去り、島崎の能登屋木村元右衛門の世話で、木村家の裏手にある薪小屋を改造した庵室に引っ越した。齢古希に近付き、心身の衰えを感じたからであろうと言われている。ただし、良寛が定珍に宛てた手紙では「如仰《おおせのごとく》此冬は島崎のとやのうらに住居仕《つかまつ》り候。信《まこと》にせまくて暮らしがたく候」と良寛には珍しく愚痴を洩らしている。この時、弟の由之に送った歌がある。

足びきのみ山を出でゝうつせみの人のうらやに住むとこそ知れ

この良寛の島崎移住の世話をした能登屋元右衛門も良寛の庇護者として逸することの出来ない人物である。

木村家は三島郡和島の島崎村に七百坪の屋敷を構え、百姓代を務めた豪農で、近世初頭に菩提寺である浄土真宗の隆泉寺とともに能登から移住してきたので、能登屋の屋号を名乗り、第十一代元右衛門こと利蔵が良寛の移住時の当主だった。利蔵は十代目元右衛門の遺言により、『大蔵経』を京都の古書店から百五十両で買い取り、自ら金を出して建てた経堂とともに菩提寺の隆泉寺に寄付した。十一代元右衛門の依頼を受け、良寛はこの由来記を書いた。由来記は、「兄は何とかして『大蔵経』を寺に納めることを宿願としていたが、家がまだ貧しく望みを遂げることが出来なかった。私は兄の遺言を何とか実現しようと、戦々兢々として深淵に臨む思い、薄氷を踏む思いをしてきたが、いまここにようやく願いを果たし、重荷を下ろした思いをしている」といった内容で、願主能登屋元右衛門、沙門良寛謹書とある。またこの由来記のある経堂の額面に良寛は次の一首を記している。

いざ子ども山べに行かむ菫見にあすさえちらばいかにとかせん

良寛ともっとも親しく接したのは十代目の元右衛門で、五合庵時代から付き合いがあり、定珍や叔問と同じように、良寛の手紙による依頼に応じ、木綿衣、綿入れ、合わせなどを贈っていることが礼状から分かる。

良寛のこの木村家の薪小屋を改築した庵室での生活について、『全伝』は、「良寛はこの庵室に寝起きし、修行し、供養を受けること六年、血肉を分けた親族のように扱われ、神仏に接するように仕えられ、家族・親族・隣人みな喜んで良寛を崇敬した。周蔵の子供のみち子が一、二歳の頃には修行の合間に禅師はみち子を背負ったり、揺り籠を揺らしたり、子守唄を歌って眠らせた。周作が勘当されたときは父親の周蔵に詫びを入れ、許しを得た」とあり、病を得て死を悟ると紙と筆を求め、長短歌数十首を書き留め、「これが貧しい私のあなたの行為に報いる記念品だ」と言い残して身罷った、とある。

良寛はごく自然に生活していたのだろうが、周囲の人々からは「生き仏」のように思われ、扱われていたと言っても過言ではない。栄重の『奇話』の中に、良寛が解良家にいる間、何とも和やかな雰囲気が家中に漂い、その雰囲気は良寛が去っても数日続いたという記述があることはすでに紹介したが、木村家では六年間、その状態が続いたと考えていいだろう。また、曹洞宗の僧侶であるにもかかわらず浄土真宗の熱心な信者であった木村元右衛門と親しい交わりを続け、最後はその屋敷の一隅に引き取られたことを見ても、良寛が完全に仏教の流派を超越していたことが明らかである。

北越文化人たちとの交流

この三人の他にも良寛は北越周辺の多くの文化人との交流があり、その名を挙げて行けばきりがない。もちろん、良寛が交流を望んだわけではなく、逆に多くの人々が良寛の人柄と学識に魅せられて交際を求めたのである。ここではごく短くそのうちの数名を紹介するにとどめる。

まず、西蒲原郡の粟生津《あおうづ》村の鈴木桐軒、文台の兄弟がいた。二人とも儒者として名高く、とくに弟の文台は若い時から英才の誉れ高く、十八歳で『論語』と『唐詩選』を講じ、その場に居合わせた良寛をして、「この子は必ず将来大器となる」と感嘆させた。江戸で亀田鵬斎に学び、後に北越における幕末の大儒と称された。良寛より四十も若かったが、『論語』を愛読していた良寛が分からないところがあると、文台に質問して疑問を解いたという。二人の間ではしばしば漢詩のやり取りをした。人柄も良寛に似て、虚飾を一切排し、髪はぼさぼさ、衣服が汚れていても気にすることはなかった。いつも笑顔で、貧富貴賤を問わず、誰に対しても分けへだてなく接し、家族に過失があっても咎めず、自分で気付くことを待った、と『全伝』は記している。

また、文台はしばしば五合庵を訪問した。ある時、手紙で招かれたので、雪と風を衝いて五合庵に着くと、良寛はこれから仏事があるからと言って文台を置き去りにして出かけてしまった。文台は手持無沙汰のあまり、室内を掃除したり、机の上を拭いたりして帰宅を待った。するとようやく日が暮れかけたころ、手ぶらで帰宅した。さらに、ある時は昼飯をご馳走すると言ったが、椀も箸もなく、良寛は火葬場に行き欠けた茶碗を拾ってきて飯と汁を出した。文台は閉口したが、良寛は平然としていた。「浄穢不二・真妄一途」の意を文台に伝えようとしたのである。五合庵を訪ねる客はみなこのもてなしに与った。

良寛の父、以南の俳句仲間であった与板の町年寄で酒造業を営んでいた山田杜皐とも良寛は親しく、托鉢で与板を訪れる時はかならず立ち寄った。良寛の祖父富竹は、山田家からの養子であったから、良寛とは縁戚関係にあった。俳句と絵に優れ、良寛と共通の話題も多く、良寛の杜皐宛の手紙が十三通残されている。良寛が「すがた」、「からす」といった自分の渾名を文末に記すほど気の置けない打ち解けた関係にあった。また山田家で働いていたお由という名の女性のおしゃべりに閉口しながら、厨房でしばしば酒をふるまわれていた。山田家に宛てた手紙では、三条大地震の後に良寛が出した手紙が有名である。

「地しんは信《まこと》に大変に候　野僧草庵ハ何事なく親るい中死人もなくめで度《たく》存候
うちつけにしなずばしなずてながらへて
かゝるうきめを見るがは（わ）びしさ
しかし災難に逢時節には災難に逢がよく候　死ぬ時節には死ぬがよく候　是ハこれ災難をのがるる妙法にて候　かしこ
臘八　良寛
山田杜皐老　良寛
与板」

三条地震は文政十一年（一八二八）十一月十二日に北越を襲い、死者千六百七人、負傷者千四百余人、倒壊家屋一万三千余軒、焼失家屋千百七十軒、半壊家屋九千三百軒に及んだ（『良寛全集別巻1』）。良寛、七十一歳の時である。

また、良寛は「地震後之詩」を詠じている。その一部を引用する。

四十年来　一たび首を廻らせば
世の軽靡にうつることまことに馳せるがごとし
いわんや太平を怙《たの》んで　人心　弛み
邪魔　党を組んで　競うてこれに乗ず
恩義　とみに亡滅し
忠厚　さらに知るなし
利を論ずれば　毫末を争い
道を語るを　徹骨の癡とす。
己を慢《あなど》り　人を欺くを好手と称し
土上　泥を加えて了期なし。
大地　茫々として　皆かくのごとし
われ独り鬱陶たるも　たれにか訴えん。
およそ物微より顕に至るはまた尋常

四十年来一廻首
世移軽靡信如馳
況怙太平人心弛
邪魔結党競乗之
恩義頓亡滅
忠孝更無知
論利争毫末
語道徹骨癡
慢己欺人称好手
土上加泥無了期
大地茫々皆如斯
我独鬱陶訴阿誰
凡物自微至顕亦尋常

この回《たび》の災禍　なお遅きに似たり　　　這回災禍尚似遅
星辰　度を失す　なんぞよく知らん　　　星辰失度何能知
歳序　節なきこと　すでに多事なり。　　　歳序無節已多事
もしこの意を得なば　すべからく自省すべし　　　若得此意須自省

(この四十年を顧みると　世の風潮は軽薄に流れ　信仰はどこかに行ってしまった　さらに長く続いた平和に慣れ切って人心は緩み　よこしまな連中は徒党を組み競ってこの機に乗じ　恩義はいちはやく滅び去り　忠孝はさらに忘れられてしまった　儲け話には少しでも得をしようと争い　道徳を語るものを頭からバカにする　利己的で他人を利用して平気な人間を世渡り上手だと褒め　土の上に泥を重ねて塗るのに似てやめる気配はない　どこの土地に行ってもみなこのようで　憂鬱な気持ちを訴える相手もいない　すべて物事は塵も積もれば山となるのであって　今度の地震は遅きに失したようだ　宇宙の運行の乱れに誰も気が付かず　四季の巡りにもけじめがないようだった　この天の警告に気が付いてみたらみな反省すべきだろう)

今日、自然災害を天の警告だなどと言ったら時代錯誤もはなはだしい、被害者の気持ちを無視した暴言だと、マスコミから袋叩きに会うのは間違いないが、地球上に災害が起こるのは誰も止めようがなく、地球温暖化や異常気象などはまさに人類のもたらした災害で、産業の進歩につきまとう影であって、化石燃料の無計画な利用の所産である。水俣病、四日市喘息などは公になっ

たが、隠された公害はいたるところにあったに違いない。また原発事故や自動車事故も技術の進歩が人類を不幸にする事例の一つである。良寛の三条地震に際しての警告を頭からバカにするか、頂門上の一針として受け止めるかによって、今後の日本、いや世界の未来は大いに変わってくるだろう。江戸時代末期の一人の乞食僧の言葉を私は信頼し、指針としたい。さらに、いつ災害に会うか分からないこの時代に災害は避けようがない。最近、横断歩道を青信号で歩いていて右折してきた軽自動車に追突された。これも天の警告として受け止め、「死ぬ時は死に、災害に遭う時には遭う」のが災害を避ける一番の妙法という良寛の言葉の真実を改めて思い起こした。

この他、良寛と親しんだ有名な人物には、良寛と詩歌のやり取りをしばしば楽しんだ原田鵲斎、良寛と同様文人肌の僧、有願、良寛に師事した遍澄、地蔵堂町の富取芳斎、大安寺の坂口寿庵などがいた。もちろんこの他に無名の老若男女の農民たち、商人たちがいたことは言うまでもない。ただ、役人とだけは滅多に付き合わなかった。

八　良寛と子供たち

子供らと手毬つきつつ……

手毬、オハジキ、かくれんぼ、草相撲……。どれもかつての子供たちの好んだ遊びであるが、良寛もとりわけこれらの遊戯を好んだ。托鉢の途中で、顔見知りの子供たちに出会うと、錫も行乞のための鉢も捨て、子供たちの仲間に入り、時間の経つのも忘れて遊びに耽った。ようやく長い越後の冬が終わり、雪が解け、行乞に出かけることが出来る暖かい日がやって来ると、待ちかねたように庵を出た良寛は、蒲原平野の村々で遊んでいる子供たちの姿を見つけると、行乞そっちのけで仲間に入った。もちろん子供たちも良寛の姿を見つけると、一斉に駆け寄り自分たちの遊びの仲間に引きずり込んだ。中でも手毬が大好きな良寛は次のような歌を詠んでいる。

あずさゆみ　春さり来れば　飯乞ふと　里にい行けば
里こども　道のちまたに　手まりつく　われも交りぬ
そがなかに　ひふみよいむな　汝がつけば　吾はうたひ
吾がうたへば　汝はつきて　つきてうたひて　霞たつ
長き春日を　暮らしつるかも

霞たつながき春日をこどもらと手まりつきつつこの日くらしつ

また、漢詩にも手毬を詠んだ作品が六編ある。ここではその一編を紹介する。

裙子《くんす》は短く　褊衫《へんさん》は長し　　裙子短兮褊衫長
騰々　兀々《ごつごつ》只麼《しも》に過ぐ。　　騰々兀々只麼過
陌上《はくじょう》の児童　たちまち　われを見　　陌上児童忽見我
手を拍《う》ち　斉《ひと》しく唱う　放毬《ほうきゅう》の歌。　　拍手斉唱放毬歌
(袴は寸足らずで　上着は長すぎる　いい気持ちで苦労を厭わず　日々を送る　外出すると路上の子供たちがたちまち私を見つけて　手を叩いて一斉に歌い始める手毬唄)

子供たちも良寛が手毬を好きなことをよく知っており、自分たちだけで遊ぶより風変わりな坊さんが一緒になって遊ぶことを心から求めたのである。もし良寛に何らかの邪念があったら子供たちはたちまちそれを見抜き、仲間に入れるようなことはけっしてしなかったに違いない。良寛が無心になって手毬に興じることを知っていたからこそ、仲間に入れたのである。また自分たちの親がなぜかは分からないが、良寛を慕い敬っていることも十分知っていただろう。玉島の円通寺の時代から良寛は手毬で付近の子供たちと遊んでいたが、よほど手毬が上手だったようである。東郷豊治は手毬をつきながら子供たちと一緒に歌った手毬唄の一つを『良寛歌集』で紹介している。

向う山で光るものは、月か星か蛍か。月じゃないもの、星じゃないもの、あれこそ殿御の松明。松明がしたひ廻りて、したの女郎衆の、絹の小褄《こづま》が焼けた。なんぼく〳〵焼けた。たんだ三寸焼けた。帯にゃ短し、襷にゃ長し、前のお寺の鐘の緒にしょ。

手毬唄には深い意味はないがその時代の世相や風習の片鱗がうかがえるところが興味をそそる。殿御の松明、女郎衆の衣の小褄、と言った言葉に当時の越後の庶民感覚がうかがえると言っていいだろう。殿様がお忍びで遊郭に遊びに出て行く姿をそれとなく諷したともとれるし、単に言葉の調子を合わせたに過ぎないようにも見える。ただ私の子供時代は米軍の占領下にあったが、当時の東京の手毬唄には「一の宮、ハロー、ハローと進駐軍が呼んでいる、オッケー」という台詞があり、子供心にも誰がこのようなセリフを作ったのだろうかという疑問を抱いた。その疑問はいまだ解けないが、こういう手毬唄を歌うことによって子供たちが進駐軍に親しみを覚えたのはたしかである。また当時杉並に住んでいたある友人は、私と同世代であるが、子供のころの火の用心の夜回りの際に「火の用心、火事を出したら進駐軍に笑われる」と町中に声を掛けて回ったという。それが占領政策の一環であったなどと言ったら穿ちすぎかもしれないが、当時の世相を反映していたことだけは間違いない。殿御の松明と女郎衆の小褄との関係はいろいろの解釈の余地を残す、とだけは言えるだろう。

また、西郡久吾は阿部家の当主、恒次郎から口授された良寛愛用の次の手毬唄を紹介している。

おせん、おせんや、なぜ髪結はぬ。櫛がないかや、鏡がないか。櫛も鏡も山ほどあるが、
とっさ賦にやる、三吉や江戸へ。何が嬉しうて髪結はふ

さらに遺墨の残っている良寛自身の作もある。

船は出る出る、帆かけて走る。宿の娘は手で招く。招けど船は帰らじと、思ひ切れとの風が
吹く

東郷豊治はこの他にも数種の良寛愛唱の手毬唄を紹介しているが省略する。当時の越後の女の子たちは、こうした恋人との別れの悲しみを表現した手毬唄を愛唱していたようだ。メロディーは分からないが、おそらく短調の哀調をおびた節であったに違いない。それにしても現在、街で見かける還暦を過ぎた老人が手毬唄を歌いながら一心不乱に手毬をついている姿を想像すると、何となく不気味な感じがするが、それがそうでなく、愛嬌があると映ったところが良寛の良寛たるゆえんであるだろう。

東郷豊治はまた、画家の安田靫彦が、良寛愛用の白地を綾糸でかがった瀟洒な手毬を所有していたことを述べ、その色彩や模様の感覚に、現代の抽象画に通うものがあった、と『良寛歌集』に記している。良寛の時代を超える感覚を示すものと言えよう。

「良寛さま一貫」

良寛はまた子供たちとよくかくれんぼをして遊んだ。これにも有名な逸話がある。ある日、良寛は鬼になった子供に見つからないようにと、近くの藁束の中にもぐり込んだ。鬼になった子供は良寛をなかなか見つけることが出来なかった。やがて夕方になり、子供たちは遊びに飽きて、鬼になった子供も含めてみな家に帰ってしまった。しかし、良寛は子供に見つかるまいとして藁の中に隠れ続けた。そのうち眠りが兆し、良寛は藁を寝床にぐっすり眠り込んでしまった。五合庵の寝床より藁の中の寝心地のほうが良かったのかもしれない。翌朝、農夫が藁束を取りにやって来て隠れている良寛を見つけ、驚いて「あっ、良寛さま」と思わず声を出した。すると良寛は「声を出すな。子供に見つかる」と応じたという。この逸話にはいろいろヴァリエーションがあり、藁の代わりに薪の束の間に隠れていたところを、夕方になって農婦の目に留まり、「良寛さま、子供たちはもうみんな家に帰ってしまいましたよ。子供たちに騙されたのですよ」と笑いながら告げられ、初めて日が暮れたことに気がついて立ち上がり、五合庵に帰って行ったという説もある。また、寺泊の白石という場所で、菰を被って一夜明かしたという説もある。

子供たちと一緒に葬式ごっこという遊びも、良寛はよくしたようである。草むらの上で死人の真似をする遊びである。草むらの上で死人のようにあお向けに寝て目を瞑り、身動きしてはいけない。体の上には草や花を被せられるが、じっとしていなければならない。子供たちはすぐにクスクス笑いだしたり、もぞもぞ動き出し、飛び起きてしまう。ところが良寛は違った。まるで本当の死人のように身じろぎもせず目を瞑り、いつまでもその姿勢のままでいた。ところが、ある時、一人の子供が面白がって、死人の真似をしている良寛の鼻を手でつまんだ。良寛は口をじっと閉じているので息が出来なくなる。子供たちは調子に乗ってかわるがわる良寛の鼻をつまんで遊んだ。つまんでいる時間も三十秒、四十秒と長くなって行った。しかし良寛はじっとしたままで身動き一つしない。子供たちは良寛が本当に死んでしまったのではないかと怖くなって、「良寛さま、良寛さま」と声を掛けるが良寛は答えない。子供たちは青くなって一斉に大声で「良寛さま、良寛さま」と呼びかける。しばらくして良寛はおもむろに深い息をして目を開き、あたりを見回す。まるで本当の死人が生き返ったような姿だった。子供たちは大声で、「良寛さま、生き返った、生き返った」と喜んだ。

また、ある時、地蔵堂の町で競《せ》り市が立った。良寛は仲立ちと買い手が大声でやり取りする姿を群衆の後ろから覗き込んでいた。当時の貨幣の単位で千文に当たる一貫を競りに用いたが、良寛は仲立ちと買い手の「一貫」、「二貫」と激しく競り合う声に驚いて思わず背を後ろに反らせた。その姿を見ていた子供たちは、次に、良寛の姿を見かけると、「良寛さま一貫」と声を掛けた。その声に応じて良寛は背を反らせた。すると子供たちはすかさず「良寛さま二貫」と声を掛け、良寛が背を反らせられる極限まで、声を掛け続けた。以後、この町の子供たちは良寛の姿を見かけると駆け寄ってきて「良寛さま一貫」、と声を掛け、良寛が背を反らせると「良寛さま二貫」と声を掛け、転倒寸前まで声を掛け、まるで芝居でも見るようにその姿を見て大声を挙げ、手を打って喜んだ。良寛がだいぶ年を取ってから、解良栄重のところで、地蔵堂の名主の幼い息子の富取倉太と出会った時、良寛は倉太に「お前の町の子供たちに『良寛さま、一貫』と声を掛けるのを止めさせて欲しい。わしも年を取って、体を反らせるのが辛くなってきた」とこぼした。すぐ傍にいた栄重は「良寛さま、そんなに辛いなら、もう声を掛けられても相手にならないようにしなさいよ」と忠告した。すると良寛は「だって、いままでしてきたことを自分から止めるわけにはいかないだろう」と呟くように答えたという。

ほら御覧の通り

それにしてもなぜ良寛はそこまでして子供たちと遊ぶことを好んだのであろうか。それを解く鍵は次の詩に顕れているので、長くなるが引用しておこう。

青陽　二月の初《はじめ》
物色　ようやく新鮮なり。
この時、鉢盂《はつう》を持し
得々として　市鄽《してん》に遊ぶ
児童　たちまちわれを見
欣然として　相将《ひき》いて来る。
われを要す　寺門の前
われを携え　歩　遅々たり
盂を　白石に放ち
嚢を　緑樹の枝に掛く。
ここに百草を闘わせ
ここに　毬児を打つ。
われ打てば　かれ　しばらく歌い

青陽二月初
物色稍新鮮
此時持鉢盂
得々遊市鄽
児童忽見我
欣然相将来
要我寺門前
携我歩遅々
放盂白石上
掛嚢緑樹枝
干此闘百草
干此打毬児
我打渠且歌

われ歌えば　かれ　これを打つ　　我歌渠且打
打ち去り　また　打ち去り　　打去又打来
時間の移るを知らず。　　不知時節移
行人　われを顧みて笑う　　行人顧我笑
何によってか　それかくのごときと。　　因何其如斯
低頭して　これに応えず　　低頭不応伊
道《い》い得るとも　また　いかに似せん。　　道得也何似
箇中の意を知らんと要《ねが》わば　　要知箇中意
元来　ただ　これこれ　　元来只這是

(春も二月の初めになれば　あたりの景色も緑を増して新しくなる　この時、鉢を抱えて　心満ち足りて町で托鉢をする　子供たちがすぐに私を見つけて　大喜びで連れ立って私のところにやって来る　お寺の門前で私を離さず　私を引き留めるので歩めない　仕方がないから鉢を門前に置き　頭陀袋を葉の茂った木の枝に掛ける　こっちでは草相撲で遊び　こっちでは手毬をつく　私が打つと子供らが歌い　私が歌えば子供らが打つ　熱心に毬をついていると　時間の経つのを忘れてしまう　通りがかりの人が私を見て笑い　何でそんなことをするのかと問う　私は下を向いたまま答えない　答えてみたところで始まらない　私の気持ちを知りたいならば　ほら御覧の通り)

この詩を一読すれば、なぜ良寛が子供たちと遊ぶのを好んだのかをくどくど説明する必要はないだろう。良寛はなぜ子供とそんなに熱心に遊ぶのかという、通りがかりの知人の問いに、「元来只這是」、ほら御覧の通りですよ、見れば分かるでしょ、と答えている。たしかに、寺の門前の樹木の枝に托鉢用の頭陀袋を掛けて、子供たちと手毬をついたり、草相撲に興じている良寛の姿を想像すると、こちらまで子供のころに帰り、もう一度毬をついたり、草相撲をして遊んでみたい気になるから不思議である。

当時の農村の事情

当時にあってもこの点は変わらなかっただろう。中には人が汗水たらして働いているのに、子供と戯れていい気になっている、気楽なものだと苦々しい気持になった人もいるだろう。

とりわけ、当時の世相は厳しかった。良寛の生まれた宝暦八年（一七五八）から遷化した天保二年（一八三一）の間には先にも記したように、長岡藩や新発田藩の農村地帯は重課や凶作、役人糾弾のための強訴や打ちこわしが頻発し、農村は疲弊し、農民の暮らしは生存ぎりぎりのところまで落ち込んでいた。ちなみに良寛研究家の北川省一は良寛の生きていた時代の越後を評して「宝暦九年、北蒲原水原地方における代官の秕政、検地重税に対する越訴。明和七年から大旱魃が三年つづき、安永二年には疫病が大流行した。良寛が子陽の塾に通っていた時代であった。天明三年、越後一帯にわたる飢餓騒擾。この年、浅間の大噴火があり、出雲崎では空前の米騒動が起こった。寛政元年、長岡藩における村替、重課反対のための一揆は、その首謀者岡村権左エ門が強訴の罪によって打ち首獄門となったが、その刑場は出雲崎、与板に近い信濃川の川原であった。文化十一年には雪溶けを待ちかねたように村松藩において凶作、重課、役人糾弾のための強訴打毀しを皮切りに各地に波及し、殆ど越後全円に拡がる凶歉《きょうけん》（凶荒）に由る打ち毀しがあった。一揆は文政、天保と続いて、枚挙にいとまがない」と述べている。また、東郷豊治は「かの越後獅子と称する憐れな子供芸人の発祥の地が、良寛のいた国上山のすぐ近くの月潟村であったことを思わねばならない」（『新修良寛』）と記している。

戦後、月潟村で角兵衛獅子の子供たちを育てることは、幼児虐待という理由で廃止されたが、最近になって郷土芸能の保存という名目で復活、再び角兵衛獅子の養成が行われているという。

戦後の日本史学を支配したマルクス主義史学の反映であろうが、北川の記述は越後の農村をさながら地獄のように描いている。良寛はこうした農村の窮状をつぶさに見て心を痛めていたに違いない。それでも彼は子供たちと遊ぶことを止めなかった。こうした良寛の生活を批判する人物も当然出てくる。作家の水上勉がその一人である。『蓑笠の人《さりゅう》』の中で、水上は良寛の生き方を、自分が幼少期を過ごした若狭の農村で過ごした体験に重ねて、厳しく批判する。

「この『かくれんぼ咄』を読んでいると、なまけ者良寛の姿が、私には鮮明にうかんでくる。この感慨は、今になって憶えるのではなくて、子供のじぶんからもった。というのは、いったい、大人ともあろうものが、秋のいそがしいさなかに、野良でかくれんぼもおかしい。子供らよりも真剣になって、かくれたまま朝をむかえて、早朝、農婦は野良へ出て、先ずその日の堆肥を田へはこびたかったのだろう。まさかそこに人がかくれていようとは思わなかったから、「しいッ」といわれて、農婦は魂消たかもしれない。

私の生まれた若狭などは、忙しい秋のさなか、子供らはみんな野良に出て働いたし、大人でかくれんぼするような者はいなかった。もし、これが、越後でなくて、若狭だったら、朝までかくれんぼのつづきで呆けているような乞食坊主がいたら、いいかげんにしてくれッとどなりつけたかもしれない。」

この水上勉の良寛評に対して、紀野一義は「良寛さまの乞食行をそういう眼で見る人もいるのだなと思うと、なんとなく寒々とした気持ちになりました。あまりいい気分ではありません。はっきりいえば嫌ですね、こういう見方は……。水上氏の心情や発想からは当然出てくるものでしょうが、『かくれんぼ咄』を主題にし、その時期を農繁期と決めてかかり、乞食行をただ食を得る面からのみ取り上げられたのはいかがなものでしょうか」(『良寛さまを旅する』)と批判している。さらに、紀野はこの文章のすぐ後に「水上氏はそれから数年後に、突然態度を変えて、今度は良寛さまを讃美するかにみえるお話を新潟良寛会でされました。どういう風の吹き回しなのでしょうか」と水上を皮肉っている。

この二人の文章を読んで、私は水上勉の見解は良寛伝説を何とか打破しようとした小説家の意気込みであったのではないかと思うし、紀野一義の見解は良寛教徒と言ってもいい、いかにも紀野らしい発言だと思う。

ただこの時甦ってくるのが、良寛の「要知箇中意　元来只這是」、すなわち「私の気持ちを知りたいならば、ほら御覧の通り」の詩句である。良寛の立場に立てば、水上勉の見方をしようが、紀野一義の見方をしようがどちらでも結構、あなたがご覧になっているとおりが私の姿です、ということになる。人は他人を自分の都合の良いように解釈しがちであるが、良寛はそのようなことは十分知っており、自分がどう見られようと構いませんよ、と言っているのである。『正法眼蔵』の「虚空」の巻には「従生至死、只是這箇」の八文字が見えるが、増谷文雄はこれを「生まれてから老いにいたるまで、ただこれ虚空なのだ」と訳している。

虚空をニヒリズムと解するか、無心と解するかは読者に委ねられるだろう。

もっとも水上勉は『良寛』の中では、まったく別の観点から良寛のかくれんぼを捉えている。説教語りや三味線芸を披露して露命をつなぐ越後の盲目の旅芸人、瞽女《ごぜ》たちを飢饉に見舞われた村々でも守ったように良寛も芸術家として守られたと言い、「良寛のかくれんぼは仕事ではない。詩歌をつくるにも、心奥のかくしどころのないところをそのままうたい出さねばと戒めているのであるから、芸術は、心のはしるままの表現である。あそびも、墨書も、作画も、すべては同じ次元にある」と述べ、良寛のかくれんぼを芸術家の表現欲の一形態と解しているのである。とりわけ専門の歌人や書家、料理人を嫌った、いわゆる「三嫌」で知られる良寛はこの見解をどう思うか、詮索するのは野暮だろう。良寛を語ることによって、語る人間の社会観や人間観が図らずも浮かび上がってくるのである。良寛を語る人間は、良寛の澄んだ心の鏡に映る自分の姿や心を見るに過ぎない。

遊女たちとのオハジキ

良寛はよく忘れ物をした。托鉢に出て途中、子供たちと遊んでいるうちに托鉢に必要な鉢の子すら忘れてしまうことがあった。そこで、忘れ物をしないように、メモを持ち歩き、誰かの家を訪問した帰りがけなどには必ずそのメモを見て、持ち物を確認した。そのメモが、西蒲原郡粟生津村の鈴木家にいまも残っている。良寛が鈴木家を訪ね、昼寝をしている間に主人の隆造が良寛の頭陀袋を開けてみたところ、たまたま目に留まったメモである。隆造は悪いこととは知りながら誘惑には勝てず、秘蔵の家宝にしたものである。

それは、第一、愛用具、第二、随身具、第三、行履物《あんりもの》に分けて記されていた。随身具とは笠、脚絆、カフカケ、上手巾、下手巾、杖、掛絡《から》など身に着ける物である。行履物とは着物、桐油、鉢、嚢など禅僧の日常に必要なものである。愛用具には、頭巾、手毬、鼻紙、扇子、銭、ハジキとあった。

この事実からも分かるように、良寛は子供たちと遊ぶために手毬とオハジキは肌身離さず持ち歩いていたのである。良寛は手毬に劣らずオハジキ遊びを好んでいた。少女たちと出会えば、すぐにオハジキをとりだし、いろいろの遊びを愉しんだ。

ある時、良寛は炒り豆を賭けて女の子とオハジキをして遊んでいた。すると、通りかかった知人が、「良寛さ、一杯こと勝ったでねえか」とからかい半分で声を掛けた。すると良寛は真っ赤になって前に置いておいた炒り豆を、あわてて膝の下に隠そうとした。良寛は勝負に夢中になっていたので、自分がどれだけ勝っているか気が付かず、知人に声を掛けられて思わず勝ち過ぎていたことに照れたのであった。

先にも述べたように、越後名物の一つに遊女があった。出雲崎にも女郎屋が軒を並べていた。良寛は袖にオハジキを入れてしばしば女郎屋に出向き、遊女たちとオハジキをして遊んだ。これを知った弟の由之は、

すみ染のころも着ながらうかれ女とうかうかあそぶ君が心は

という歌を詠んで良寛をからかった。良寛は次の歌で由之に応えた。

うか〱とうき世をわたる身にしあればよしやいふとも人はうきゆめ

由之はそれでも納得せず、次の歌を詠んで返した。

うか〳〵とわたるもよしや世の中は来ぬ世のことを何とおもはむ

良寛はすかさず次の歌で応じた。

この世さへうから〳〵とわたる身は来ぬ世のことをなにおもふらむ

良寛は『論語』をよく読んでいたから、子路の死についての問いに対する孔子の答え、「未だ生を知らず。焉《いず》くんぞ死を知らん（先進第十一）」（我々の感覚に触れる生前のことさえも分からない、どうして死後のことが分かるか）が頭の中にあったに違いない。さらに、「うから〳〵とわたる身」には遊女たちの人生が重なっているような気がしてならない。死んだ後の世のことまで考える余裕などないのだ、と遊女たちに代わって良寛が答えているのではないか。

良寛とオハジキをした遊女たちは、その時だけは童心に帰り、身過ぎの辛さもこの世の憂さも忘れて存分に愉しんだに違いない。良寛は遊女を慰めたり、励ましたりする意図など毛頭なかっただろう。遊女たちとオハジキを愉しみたかっただけである。しかし、そのことがどれだけ遊女たちにとっては心の救いになったであろうか。もちろん、良寛は彼女たちがたどる運命をよく知っていた。「容華　終わりを保つにあらず　歳暮何の待つところぞ、首を掻いて凄風に立たん」である。容姿の美しさはいつまでも持たない。年を取れば、客を取れる当てもなく、寒風に身を曝さなければならないのに、ということだ。もちろん、遊女たちも自分の運命を知っていただろう。しかし、どうすることも出来ない。良寛とオハジキをしてすべてを忘れる、これほどの喜びがあるだろうか。良寛のオハジキはどんな経文よりも念仏よりも遊女たちに功徳を施したに違いない。そこに良寛の仏道があったと考えることは一知半解の言であろうか。

良寛の子供の死を詠んだ歌

最後にどうしても触れておきたいのは、良寛が子供の死を詠んだ歌をとてつもなく多く作っているということである。東郷豊治は『良寛歌集』「六五　哀傷」の最後で次のように述べている。「感動させられることは、彼は和歌を詠めない人々、とくに愛児に死別した文盲の親たちに代わって、自分でかずかずの歌を詠んでいることである。しかも、それらの歌を親たちに与えて慰めるのではなしに、時には自分で詠んで、親心を察して、一人で泣いていることである。」

私はこの文章の最後の「時には自分で詠んで、親心を察して、一人で泣いていることである」から、良寛は妻との間に確実に子供がいたのだと確信する。

蜩のなく夕方は別れにしこのことのみぞ思ひいでゐる
思へ君おくれさきだつ世の中を歎きや果てむ千代は経ぬとも
思ふにしあえずわが身のまかりなば死出の山路にけだし会はんか

歎けども効なきものを懲りもせで又も涙のせきくるはなぞ

こうした歌の持つリアリティーは、他人の子の死を悼むだけの歌とはとても思えないのである。白根茨曾根に伝えられる、良寛とその妻釋尼妙歓との間に女の子がいたという口伝の正しさを立証している歌だと思わざるを得ない。いくら良寛であっても、自らの経験なしに、これだけの歌は詠めないであろう。それに、これが良寛の自分の幼くして死んだ娘を詠んだ歌だということを否定する根拠も存在しないのである。良寛の子供たちに対する異常ともいうべき愛着は単なる良寛の性癖ではなく、自分の死んだ子供への深い思いの表れであったと解する方がずっと自然であると私は確信する。

九　良寛の書

なぜ贋物が多いのか

小林秀雄に「真贋」と題した随筆がある。書画骨董の真贋についての小林の体験談と言っていい文章で、美と金銭が絡み合った魑魅魍魎の跋扈する世界に生きる人々の生態がスケッチされていて、何度読んでも面白い。この随筆の冒頭に、小林が良寛の書の偽物を摑まされた話が出てくる。良寛の「地震後作」と題した詩軸を入手し、良寛研究では第一人者と言ってもいい歌人の吉野秀雄に得意になって見せたところ、越後地震の後に良寛はこんな字は書かないと贋物の烙印をにべもなく押され、落胆のあまり、近くにあった一文字助光の名刀で、その詩軸を「縦横十文字にバラバラにしてしまった」、という話である。

子供のころから焼き物が好きで、そのお陰で中学も卒業できなかった青山二郎の薫陶を受け、一時は骨董屋の真似ごとまでしていた小林にして、良寛の贋物を摑まされてしまうのである。それだけ、良寛の書には贋物が多いし、真贋の判定も難しいということである。私は書画骨董にはもっぱら経済的理由から縁の薄い男だが、二十数年前、一度だけ三鷹の駅前通りのはずれにあった小さな骨董屋の店の奥に掛かっていた良寛の扁額を目にし、手に入れたいと思ったことがある。店に座っていた中学二、三年と思しき少年に値段を聞いたところ七百万ということだった。そこですぐ諦めたが、惜しいという気は起きなかった。すぐに贋物に決まっている、と自分を納得させたからである。いまでも時々ふらっと骨董屋に入ることがあるが、店員が話しかけてくることはまずないし、購入することもない。良寛の書があったら一目見て帰ろうと思うのだが、まずお目にかかることはない。店先に出しておいても私のような冷やかしの客の目を愉しませるだけで、何の得にもならないからだろう。しかるべき顧客のところにひそかに紹介するに違いない。しかし、良寛の贋物を摑ませられている金満家も多いことだろう。

とにかく良寛の書には贋物が多いというのが通説である。良寛の生きている時代からすでに贋物は出回っており、良寛自身にその鑑定を依頼したという。良寛が晩年を過ごした庵室の所有者木村家の当主、木村元右衛門が『北越雪譜』の著者である塩沢の鈴木牧之に宛てた手紙で、良寛の書と称する寒山拾得の讃と唐紙に書かれた漢詩を与板から届けてきたので、良寛さまにお見せしたところ、贋物だと鑑定された、と記したなどその一例である。

骨董商の間では贋物の出所によって、地蔵堂良寛、巻良寛、白根良寛、与板良寛など地名を付けて贋物を区別しているという。とくに名高いのが地蔵堂良寛と巻良寛である。堀江知彦他編『良寛』には、前者は割合に真に近く、筆の穂先を隠していわゆる蔵鋒で記されており、運筆の速度も緩やかで、後者は真に遠く、起筆が太く終筆が急に細くなって、運筆も速い、とある。要するに地蔵堂町で作られた偽筆の良寛のほうが巻町で作られた偽筆の良寛より本物らしいということだ。

東郷豊治は『新修　良寛』の中で、「良寛はまさにニセ物書きの天国である」と述べ、ある有名百貨店で開かれた「良寛即売会」と称する催しに出かけたところ、二十五点の商品が展示されており、参考の非売品以外はすべて贋物だったと記している。また同書には六曲一隻の屏風に仕立てられた良寛の書の本物と贋物の写真版が並べられているが、一点・一画まで酷似している。文字の大小、墨の濃淡、起筆から終筆までの運筆、どれをとっても同じものとしか思えない。東郷のような出来得る限り良寛の遺墨を見て回ったという研究家でさえもその真贋の鑑定は難しいと述べている。いわんや私ごとき素人が見てもまったく真贋の識別は出来ない。それほど精妙な偽物が出回っているのである。私の友人で、ここ数年、軸物に凝り、ネット・オークションで六点ほど良寛の書を購入した男がおり、私もそれを目にしたが、間違いなく贋物であろうとは思うが、断言することは出来ない。

ただ、良寛の真贋を見極める方法として、脱落か重複があるか否かが重要だという説がある。良寛が、しばしばこうした誤りを犯しているからである。解良栄重の『良寛禅師奇話』には「自ラノ詩歌ヲ暗記シテ書ス。故ニ字脱シ、マタ大同小異アリテ、詩歌一定ナラズ」とあり、小島正芳は乙子神社の草庵時代に書かれた草書屏風十二枚のうちに十か所も脱字のあることを指摘している(『良寛の書の世界』)。しかし、贋物づくりの間には「般若の若抜けの良寛さん、てまてまてまりの良寛さん」という諺まであるという。贋物づくりはそこまで良寛の書の特徴を見抜いて、精巧極まりない偽筆を揮うのである。

今日、いたるところで見かける良寛の書は、そのほとんどが贋物であると言っていいだろう。これは困ったことであるが、良寛の書がいかに多くの人に愛され、求められているかということの証拠でもある。この事態は良寛死後に生じた現象ではなくすでに良寛が生きている時からあったことだった。良寛の書を愛し、求めた人々は当時の名主階級の知識人だけではなく、農夫や商人まで、多くの庶民が良寛の書を愛し、求めたのである。ただ良寛は役人や武士には書を与えなかった。それかあらぬか、良寛の死後、出雲崎代官所が木村家の当主をすべての遺墨を持参せよと呼びつけ、三日三晩留め置いたという口伝がある。役人たちはもちろん良寛の書の素晴らしさを知っており、何とか口実を付けて木村家当主から良寛の書を手に入れようとしたのかもしれない。

良寛が書を与えた武士は、村上藩士族の三宅相馬だけで、三宅は十六歳から二十五歳までの十年間、三条代官所に在籍し、良寛と親しんだ。清廉潔白で権威をかさに着るようなことはなく、良寛も彼の将来に大いに期待を寄せていた。鈴木文台を介して、良寛が三宅相馬と初めて会った時、その人柄を良寛は一目で見抜き、次の二首の書を役人の心得として与えた。

うちわたす県司《あがたつかさ》にもの申すもとの心をわすらすなゆめ
いくそばくぞうづのみ手もておはみ神握りましけむうづのみ手もて

民の生活を思う初心を忘れるなと諭している歌である。三宅相馬は後に官を辞し、晴耕雨読の生活を送り、陶淵明風の詩を残した、と小島正芳の『良寛の書の世界』にはある。

「一二三」と「いろは」

良寛の書が有名になり、価値あることを知った無学な農民たちに、「良寛さまの書く字は難しくて読めないので、わしらにも読めるやさしい字を一つ書いてください」と頼まれると、農民が用意した粗悪な筆と墨を使って、「一二三」とか「いろは」といった誰にでも読めるやさしい字を全紙の四分の三の大きさの紙、連落大の紙に書いて与えた。『碧巌録』に「蓮華一二三四五六七」とある所から「一二三」を選んだとか、手毬つきの極意が「一二三四五六七」にあると歌った良寛の詩に依拠しているとか諸説あるようだ。「いろは」はもちろん、いろは歌から想を得たものであろう。しかし、「一二三」にしても「いろは」にしても無学な農夫でもこの程度なら読めるだろうと良寛が考えて筆を執ったことは間違いない。しかし、書道の専門的見地からすると、こうしたもっともやさしく入門的な文字を書くことが一番難しいという。この連落大の紙に書かれた「一二三」と「いろは」の良寛の書について、良寛の書の研究者である加藤僖一は次のように述べている。

まず、「一二三」について。

「一とか二とか三とかいった簡単な文字はかえって書きにくいものである。書道の入門期に「一二三」「上中下」「大中小」といった基本的な文字を習うのであるが、基本的なものほどむずかしいのが通例である。その書きにくい文字を、紙面に対してこんなにも小さく、しかも細い線で書いている。ふつうなら白にまけてしまい、とうてい作品にはならぬであろう。ところが良寛の書は、白に負けるどころか、白を最大限に生かしきってあますところがない。まことにおそれいったものである。線は細いが少しも弱くはなく、紙面を堂々とおさえている。表現をつつましくして余白にはたらきかけ、無限の大きさを獲得している。文字通り東洋芸術の精粋、日本書道の極致といってさしつかえあるまい。よくもこれほどの名品が生まれたものだと、神々しさをさえ感じるのである。」(宮栄二編『良寛研究論集』)

良寛の書の特質を漢数字の「一二三」の書法を通じて捉え、絶賛していると言ってよい評価である。「日本書道の極致」という表現に良寛の書への加藤の傾倒ぶりがうかがえるが、多くの良寛ファンだけでなく、書の愛好家を納得させる評価だと私は思う。細い線が余白の白に普通の書家なら負けてしまうところだが、良寛の場合は逆にその余白を最大限に生かしているというのである。また、鈴木史楼は「文字が小さくなればなるほど、良寛の書はなぜかいっそう大きく見える」と言っている(『百人一書』、新潮選書、一九九五)。ここに良寛の書と人生とに相通じるものがあることが分かる。普通の人ならもっとも貧しい生活である良寛の生活がもっとも豊かな生活になっているという逆説があるからだ。豪華な邸宅に住み、物質的に豊かであっても心の空白を抱えて生きている人は多い。しかし、良寛は「庵中無一物」の生活をしながら、『正法眼蔵』や『法華経』に真を尋ね、近隣の農村の人々とともに善を生き、四季折々の自然の変化と詩歌に美を求める、満ち足りた生活を心から愉しんでいる。私も格差社会の富裕層とは縁が遠く、明らかに貧困層に属するが、良寛の詩や歌を読み、写真版の書を眺めているだけで、そうした日常生活に生じる不満とか苦悩、憂鬱が薄れて行き、現在の生活の中で真・善・美を求める生き方を探ろうという力を得ることが出来る。

つぎに加藤僖一の「いろは」についての批評を引用する。

「『い』はかなり右肩上がりに書かれている。二点間の空間は広く大きくとられている。『ろ』は右上がりの『い』をうけて、中心をやや右へ寄せ、第一画をやはり右上がりに書いている。最終画を大きく書き、下方の余白を広くとっている。『は』はそれを受けて、行の中心を再び左へもどし、第一画は強い線をピシッと決めている。二本の縦線が、垂直よりやや左へ流れているのに対し、最終画を右下へ長めに書いて、全体のバランスをうまくとっている。連落大の大きな紙に、文字をこんなにも小さく、しかも細い線で書きながら、弱くもなく、さびしくもなく、線にあたたかみとうるおいとがあり、いーろーは、と続く呼吸の流れも見事である。ちょっとした行のうねりは、あたかも奈良薬師寺の日光菩薩立像を思わせ、ほんのりとしたイロ気のようなものさえ感じさせる。」

この評価も私は全面的に肯定したい。私は書に関してはまったくの素人である。しかし、良寛のこの六文字を写真版の複製で見るたびに、その良さが深く分かってくるような気がする。書に限らず、私の芸術品の鑑賞法は、何度見ても飽きが来ないということに尽きる。誰がいいと言おうと、自分が始終眺めていて飽きが来るものは、私にとって価値がない。程度の差はあるにしても、音楽では何度聞いても飽きないでもう一度聞きたくなる曲、書や美術品については何度眺めても飽きないでもう一度眺めたくなる作品、書物について言えば何度読んでももう一度読みたくなる本、ということになる。良寛の書は、良寛の詩や歌が何度読んでも飽きないだけでなく、読めば読むほど魅力が増すのと同じように、眺めれば眺めるほど魅力が増すところがある。ただ残念なのは詩や歌は暗記することによっていつでもその良さを反芻し、味わうことが可能であるのに対し、書のイメージを頭に植え付けるだけでは物足りないことである。どんな断片でもいいから所有したいという欲望をかきたてられるのである。良寛の贋物が出回るのはこれが理由ではなかろうかと考える。所有欲を否定した良寛の書が、所有欲をかきたてるという逆説はまことに興味深い。良寛さまはどう考えるだろうか。また、書画骨董を投機的に購入する人々も多いと思うが、所有しているうちに自分が惚れ込んでしまった作品は手放すことが難しくなるだろう。

良寛の書は研究者や愛好家のみならず、現代の書家の間でも評価は高く、村上三島は中国の王鐸の書に若き日に心酔しその臨書を続けていたが、年を取るごとに良寛の書に魅かれて行き、中国四千五百年、日本千三百年の書の歴史の中で、「良寛の書こそ日本人の書、……あれが本当の日本人の書」（『良寛とこれからの書』）と断言している。また、誰でも読める書を目指す村上が揮毫した、「あわゆきのなかにたちたるみちおほちまたそのなかにあわゆきぞふる」の歌の碑が、出雲崎にある良寛記念館の裏手にある虎岸の丘、通称「夕日の丘」に建っている。

榊莫山もまた良寛の書に心酔した書家であったが、良寛の書について「良寛の文字は、楷書、であろうが草書であろうが、肩の力を抜いて、飄然とたたずむ。その恬淡たる風情は、前後に人無き感を抱かせる」（『わたしの良寛』）と述べ、良寛の書が日本書道史において屹立していることを証している。さらに晩年の良寛は写経に力を入れ、とくに『般若心経』を好み、百以上の良寛の写経が残っているが、「脱字をものともしない人間的魅力に溢れる」この写経の中に良寛の仏心があまねく宿っている、と力説している。

良寛の書の看板

良寛の書はしかし、鑑賞用に書かれたものばかりではない。日用の役割を果たすために揮毫されたと言ってもいいものがある。もちろん、良寛は書についてもずいぶん勉強している。千字文を毎日一回空中に書いたということなどその典型だろうが、小野道風伝と言われる『秋萩帖』を木村家から借りてその表紙に「おれがの」と署名し、おれが持っている間は「おれがの」、あなたに返せばあなたの「おれがの」になるからそれでいいじゃないかと言った事実からも分かるように、『秋萩帖』を手本として熱心に学んだようである。また、王羲之、懐素などの書風をずいぶん学んだと言われる。しかし、あくまでその真似ではなく良寛独自の書を確立したところが見事である、と書の世界の人々は言う。

『全伝』には酢・醤油という文字と上州屋という屋号を書いた五つの看板の写真が掲載されている。長岡市に大里伝四郎という人物の経営する「上州屋」という屋号の老舗の酒屋があった。その店の先代の伝兵衛がたびたび托鉢にやって来る良寛に出来の悪い看板の文字を見せ、「看板の文字の巧拙は店の売り上げに関係します。良寛さま看板の文字を書いていただけないでしょうか」と頼んだ。良寛は大いに喜んで「酢・醤油・上州屋」の文字を店先の明かり障子に揮毫した。風格のある楷書で分かりやすく、いかにも店が繁盛しそうな文字である。その後、たまたま店の前を通りかかった、越後を巡歴し良寛に出会い、その書に心酔した江戸の儒者、亀田鵬斎が看板の文字を目にして、「良寛さまの書を店頭に曝すのはもったいない。代わりに私が看板の字を揮毫するから、良寛さまの書は大事にしまっておけ」と忠告し、自分の揮毫を与えた。それから何年かして、鵬斎の書の弟子である巻菱湖《りょうこ》が店先を通りかかり、鵬斎の文字を目にし、「なんというもったいないことをするのだ。鵬斎先生の揮毫を店先に出して置くなどもってのほかだ。俺が看板の文字を書くからそれを表に出し、鵬斎先生の揮毫は大事にしまっておけ」と忠告した。主人がその通りにしていると、その後しばらくして古志郡栃尾町の書家、富川大塊が店の前で菱湖の書を目にし、「菱湖の書をこんなところに出して置くのはとんでもない、俺が代わりに看板を書いてやるから、菱湖の書は秘蔵しておけ」と言ったので、主人はその通りにしたという。そこで上州屋には良寛、鵬斎、菱湖、大塊の四人の書が残されることになった。良寛以外の三人も当時は錚々たる書家として世に認められていた名筆家たちである。いかに良寛の書が当時から尊ばれていたかを明らかにする話と言っていいだろう。良寛の字を看板に掲げると商売が繁盛するという風聞があったのだろうか、長岡には上州屋の他にも広瀬清次郎の店、丹後屋のために良寛が揮毫した「古手類丹後屋」の看板が二枚、新潟には飴屋万蔵のために揮毫した「御免御飴屋」の看板が一枚残されている。

ナベブタに書いた「心月輪」

しかし、良寛はなかなか筆を執らないことでも有名だった。ことに権力や金の力で良寛の書を得ようとしても無駄であった。一切の権力や富は良寛にとって塵芥に等しいものであったからである。今日、税金を払うことを嫌って、税金の安い国の国籍を得る日本人が増えていることを竹中平蔵氏が肯定的に記し、だから所得税を低くせよと主張している本を、書店で立ち読みし、驚いたことがある。私など良寛の心境になることはまず不可能で、大海の水を以てしても注ぐことの出来ない名利名聞の擒《とりこ》のような人間である。だからこそ良寛に憧れているわけだが、一生に一度でいいから一億円、しかしそのようなことは夢に等しいから、せめて一千万円くらいの所得税を払ってみたいものだと思ってきた。その額に数倍する収入がなければ一千万円の税金は払えないからだ。竹中氏の著書を読んで、こういう人たちが経済や政治の実権を握っている限り、格差など縮まるはずはないと思った。とにかく自分の生まれた国よりも、自分のアイデンティティーよりもお金が大事なのである。他国の文化や人間を愛することによって、あるいは日本では出来ない使命を果たすために他国の国籍を得るなら十分理解できるが、ただ金だけのために税金の安い外国籍を得ると言う人間のことを考えると、その人は本当の豊かさというものを知っているのだろうかという疑念を抱かざるを得ない。おまけに、良寛の生きていた当時も今も、税金をネコババしてしまう強欲な役人たちが一部に存在する。良寛が役人には揮毫を与えなかった理由がよく分かる。良寛在世当時から、大名主から貧しい農民に至るまで、あの手この手を使って良寛の書を何とか手に入れようとした逸話が数多く残されている。良寛はなかなか筆を執ろうとしなかったが、興が乗れば相手の思惑などそっちのけで障子や唐紙にまで揮毫した。

ある時、七日市の山田某という人物の家を訪れ、どうした風の吹き回しか突然、筆と墨を借りて、下女部屋の煤だらけの障子に鉢の子の歌一首を書き、その鮮やかな墨の後を眺めて悦に入り、飄然と山田家を去ったと伝えられる。

一方で、西蒲原郡の茨曽根付近を托鉢してある家を訪れた際、その家の主人がこれはいい機会だとばかり、昼飯をご馳走し、お膳のかたわらに筆と紙を置き、良寛をからかい、「良寛さまお前さんの手はだんだん下手になっているという噂を聞きました。何とも残念なことです。大いに励んでください」と話した。これを黙って聞いていた良寛は食後、筆を執って、「薬は苦く、砂糖は甘い」と書いたという。

また、良寛は書を書かせられるために、しばしば強引に部屋に閉じ込められることもあった。寺泊の親戚の外山家に托鉢に行った時のことである。外山家の主人はたびたび良寛に書を依頼していたが、良寛は一向に約束を果たさなかった。そこで、その日は雨がひどく降っていたので、これはいい機会だとばかり座敷に招き入れ大いに歓待し、筆と墨、それに白紙の扇子を一箱用意し、その部屋に閉じ込め、「書を書かなければ家から出しませんよと」と告げた。良寛はやむを得ず筆を執って、一箱の扇子すべてに「雨の降る日はあはれなり良寛坊」と揮毫したという。

その一方で良寛は気が向けばどんな人にでも書を与えたし、どんなものにも書を揮毫した。弘法筆を選ばずどころか、良寛、紙を選ばず、だったと言える。

その一例が、解良家の庭先に捨てられていたナベブタを見て、とっさに記した「心月輪《しんがちりん》」の三文字である。先にも良寛の書の研究家としてその言葉を引用した加藤僖一は、従来この三文字は「心月輪の如し」とか「心月は輪なり」などと読まれてきた、しかし、真言宗の中枢思想である両界曼荼羅のうち、金剛界を心月輪、胎蔵界を心蓮華と言い、良寛は円いナベブタを見て一瞬のうちに前者の心月輪を思いついたのだと述べ、良寛が真言思想も深く研究していたことを明らかにしている（『良寛書　美の深奥』）。曼荼羅とは悟りを得た場所、さらには如来や菩薩の集合像を描いた形象を表す用語で、観想によって得たイメージを具体化した図像のことである。図の中心には大日如来が座し、全体を月輪《がちりん》と呼ばれる白円光が覆っている。したがって、良寛は庭先に捨てられたナベブタを見た瞬間に自分の心の中に白円光に覆われた曼荼羅を思い浮かべ、とっさにナベブタに心月輪の三文字を書いたのである。

手元に金がなく、やむを得ず書を金に替えたこともある。ある時、大津村上条の馬子の馬で剣が峰を越えたことがあった。馬の代金は十六文だったが、良寛の懐には一銭しかなかった。そこで「私は良寛だが、今日は金がない。そこで十六文払えないから私の頭を十六回殴って料金に替えてくれ」と頼んだ。馬子は良寛という名を聞くととても頭を殴る気などせず、それなら代わりに揮毫をくれと言い、家に招き、書をせしめたという。

また、良寛の書と言えばすぐに思い浮かぶのが、「天上大風」の四文字である。これは良寛の書をどうしても手に入れたい人物が、良寛の子供好きに付け込んで手に入れようと考え、子供に凧にしたいから何か文字を書いてくれと良寛に紙を差し出して依頼させ、うまくせしめた書であると伝えられている。私はこの書の写真版を子供のころから数え切れぬほど目にしてきたが、写真版で見ても、見れば見るほど惹かれる書であり、天と上と大の三文字の起筆の部分の墨のにじみが何とも自然で自由な感じを抱かせる。また最後の風の字の終わりの撥ねたところが生き生きとした生動感を漂わせ、風に乗って天上に舞い上がって行く凧の姿を喚起する。風のように自由な良寛の精神が十全に表現されている書であり、江戸時代によくこれほど自由な精神の保持者が存在したものだと、改めて感心させられる。ちなみに良寛研究家の宮栄二は「天上大風」について「この字を見ていると、さすがに巧拙などを越えた飄々たるおもむきが躍動している。書家でも書けない、ものになりきった至芸というべきであろう。されば（鈴木）文台は『その真率、無我の点画の間に現わるるを視る』と評している」と絶賛している（『書道芸術第20巻　良寛』）。

良寛の草書と楷書

良寛の好んだ書体が草書だったことが解良栄重の『良寛禅師奇話』の中の「師草書を好む。懐素の自叙帖、佐理卿の秋萩帖等を学ぶといふ」といった記述から分かる。事実、現在刊行されている良寛の書の写真版などを眺めていると、圧倒的に草書が目に付く。そして墨の濃淡、線の強弱などを自在に生かした、流れるような運筆を目にすると、文字を書く良寛の無心の姿が目に浮かんでくる。中央公論社版『書道芸術』の「良寛」の巻にも、草書の写真版が多く収録されている。その中には「白雲流水共依々」、「心水何澄々」といった良寛の書が掲載されているが、その写真版を見ていると、この書の境地こそ良寛の書を表現しているのではないかという気がする。すなわち、清流の流れを良寛の書は感じさせるのである。良寛の書については高名な画家や作家、専門研究者が理解に資する多くのことを述べているが、最後は自分の直観で味わうのが最上の鑑賞法であろう。

良寛はまた先にも述べた通り、『正法眼蔵』の「菩提薩埵四摂法」の愛語の部分、『般若心経』などの写経を熱心に行っている。写経の場合はきちんとした楷書を用いている。それが写経の慣習なのであろう。その書をじっと眺めていると、「愛語は愛心よりおこる」とか「観自在菩薩行深般若波羅密多時」と唱える良寛の聞いたこともない声がどこかから聞こえてくるような気がする。もちろん、幻聴に過ぎないのだが、良寛の書を、心を集中して眺めていると、自然にそうした気になるから不思議である。書には本来そうした力が備わっているのではないだろうか。宮栄二は「良寛の楷書は最もよく写経にあらわれており、一字一画が謹厳に筆写され、落款も写経のときは、ことさら良謹書、または、恭書、拝書と署して改まった気持ちを表明している」(『書道芸術20　良寛』)と述べている。

また、良寛の書の美しさの特徴として堀江知彦は第一に「線の清純」、第二に「全体的な流れ」、第三に「空間処理の巧みさ」の三点を挙げ(『書道芸術20　良寛』)、小島正芳は良寛の書の魅力として第一に「純な精神、超俗の気品の横溢」、第二に「書の線の中に現れるその時々の気分や情感」、第三に「香気の高さが芸術的領域に達している事」、第四に「風神の妙とも言える自由無碍な筆致」、第五に「古典の長年の臨書によって身に着けた骨格のしっかりした書法」の五点を挙げている(『良寛の書の世界』)。これらの評価は相馬御風から始まる近代に入ってからの良寛の書の評価の要約と言ってもいいだろう。万人が肯う良寛の書の美しさ、魅力を簡潔に述べていると言っていい。私もこれらの評価に異を立てようなどという気持ちはまったくない。ただ私は良寛の書は見る人によって千変万化するし、同じ人間が見てもその時の気分や感情によって違った引き込まれ方をする、という蛇足を付け加えておきたい。私は寝室に「心月輪」の写真版を飾っており、毎日朝晩必ずこの書を目にするのだが、時には精神安定剤のような役割を果たしてくれ、時には怠惰な心を打つ鞭のような役割を果たしてくれる。見るたびにつくづく不思議な書だという思いを新たにするのである。私にとって良寛の書は美しさや魅力を論じる対象であるより生活必需品になりつつあるのである。

人を惹きつける力

個人的な感想はともかく、良寛の書は、死後には生前にも増して、ますますその評価が高くなって行った。江戸末期の歌人で、親の仇を討った後、臨済の僧となった愚庵天田五郎は、詩歌書三絶の誉れ高く、日下部鳴鶴という当時の書家に「懐素の豪宕《ごうとう》を得たり」と称揚された書家でもあった。その愚案がある時越後を訪れ、良寛の書を目にしたとたんに「私などとても及ばない書だ。千里の隔たりがある」と嘆じ、筆を投げすてたという。これは愚案が良寛の書に感じ入ったのみではなく、その人格の崇高なことを知ったゆえであると、玉木禮吉は記している。

このように良寛の書を称賛した人物は書家に限らず、画家、作家、歌人、高僧と数え上げて行けばたちまち十指に余ると言ってよいだろう。

たとえば、良寛の書をこよなく愛した画家の安田靫彦は「書の方では万能の神のやうな王羲之や其他孫過庭等の人や真蹟の残ってゐる賀知章や空海などの力量は立派を極めて居ります。けれど彼等の群が盛装し威儀を正してゐる中へ一乞食僧の良寛は平気にぬっと這入って行けるだらうと思ひます」と述べているが、これは良寛の書のみならず、良寛の精神、否良寛という人間そのものを見事に捉えた言葉であると思う。権威や権力におもねらず、誰に対しても慈愛の心を以て接した良寛の精神は、当然のことながら、その書にもよく表れているのである。

さらに、江戸時代の文化の残り香の中で育ち、落語や俳句、漢詩文を愛し、その世界に生きようとしたが、明治という時代の要請に応じて英文学を学び、西洋文明との精神的死闘に疲れ果てた夏目漱石は、明治末年、上野博物館で良寛の六曲屏風一双を目にし、「ああ、これなら頭が下がる」と言ったまま絶句し、しばらくそこを動くことが出来なかった。

漱石は後に自分の教え子で糸魚川中学の教頭をしていた山崎良平に宛てて、次のような書簡を送っている。山崎良平は良寛のハンセン病療養施設の建設計画を最初に調べた良寛研究家である。

「拝啓良寛詩集一部御送被下正に落手仕候御厚意深く奉謝候上人の詩はまことに高きものにて古来の詩人中其匹少なきものと被存候へども平仄などは丸で頓着なきやにも被存候が如何にやしかし斯道にくらき小生故しかと致したことは解らず候へば日本人として小生は只今其字句の妙を諷唱して満足可致候上人の書は御地にても珍しかるべく時々市場に出ても小生等には如何とも致しがたかるべきかとも存候へども若し相当の大きさの軸物でも有之自分に適（当）な代価なら買ひ求め度と存じ候間御心掛願度候右御礼旁御願迄　匆々頓首

一月十七日　　夏目金之助」

（拝啓　送ってくださいました良寛詩集一部、たしかに受け取りました。ご厚意深く感謝致します。良寛の詩はまことに高邁なもので、昔からの詩人の中でもわずかにしかいない詩人の作と思います。作詩の規則である平仄などはまるで気にかけないところはどう思えばいいでしょう。しかし、私は作詩の道に暗くはっきりしたことは解りませんが、日本人として現在、良寛の詩句を口ずさんで満足すればよいと思っています。良寛の書はそちらの土地でも珍重され、時々骨董市に出ても私などにはとても手の出るものではないとは思いますが、もし適当な大きさの軸物で、私に支払い可能な代金なら、買い求めたいと思っていますので、御心にかけておいてください。右、御礼方々、お願いまで。匆々頓首）

日本の近代を代表する知識人の心を江戸時代の乞食僧の詩と書が深く捉えたのである。漱石のこの手紙は、良寛の書の持つ摩訶不思議な魅力を余すところなく語っていると言っていいだろう。「時々市場に出ても私などにはとても手の出るものではないとは思いますが、もし適当な大きさの軸物で、私に支払い可能な代金なら、買い求めたいと思っています」という漱石の言葉に共感する良寛の書の愛好家は、現在も数え切れないほど存在するに違いない。

十　貞心尼の出現と遷化

島崎の木村家草庵

鯖田豊之の『肉食の思想』には十七世紀の日本にやって来たカトリックの宣教師たちが、日本人の穀物と野菜中心の食事の貧しさに恐れを抱くとともに、それでも健康な人が多く、驚くほど長寿の老人がいると、本国に知らせた書簡が紹介されている。しかし、江戸時代の平均寿命は統計が存在しないために、正確なところは分からない。酒井シヅの『病が語る日本史』によると、天然痘、麻疹(はしか)などによる幼児死亡率が極度に高いこともあって、現在の半分にも満たなかったようである。この事実からすると、良寛は当時の平均寿命のほぼ二倍の長寿だったことになる。石田吉貞の紹介する島崎良寛会が昭和三十年に発行した『晩年の良寛』によると良寛は当時としては背が高く、骨太で大食漢だったとあり、頑健な体格だったようである。それでなければ長い放浪生活や貧しい草庵生活に耐えて七十四歳まで生きることは不可能であったろう。相馬御風の『良寛百考』は、良寛はしかし、還暦に近付いたころから体力の衰えを自覚するようになり、国上山の中腹にある五合庵への上り下りにも困難を覚え、薪水の労に堪え得なくなった、そこで五十九の歳に乙子神社の近くの草庵に移った、と述べている。

だが、六十代も終わりになると、現在の長岡市和島の中心となる集落である島崎から距離のある乙子神社での生活も老いた体では無理になり、文政九年(一八二六)九月、島崎の豪農、能登屋木村元右衛門の庭先にあった納屋に移り住んだ。乙子神社の草庵を去り、木村家の納屋に移るにあたって、弟の由之に宛てて、次の歌を詠んでいる。

足びきのみ山を出でてうつせみの人のうらやに住むとこそ知れ

また、このころ自分の老いを自覚した歌をいくつか詠んでいるが、そのうち四首を引用しておく。

惜しめども盛りは過ぎぬ待たなくに求めくるものは老にぞありける
おつつにも夢にも人の待たなくに訪ひくるものは老にぞありける
いとはねばいつか盛りは過ぎにけり待たぬに来るは老にぞありける

おもへ君心なぐさむ月花もつもれば人の老となるてふ

二首目の「おつつ」は用例が万葉集にある言葉で、「うつつ」と同じ、現実を意味する。老いは待っているわけでもないのに、いつの間にか忍び寄ってくる、という人間だれしもある年齢を過ぎれば実感する思いを詠んで、感慨を新たにさせられる。世間を超越した良寛にしても老いの実感は避け難いものだと、老いた凡人に慰めを与える歌である。しかしまた、いつの間にか迫っている老いに対して、それを迎える用意を怠ってはならないという教えを示した歌としても読める。江戸時代にしては長命であった良寛は多くの老いの歌を残している。高齢化社会の今日、多くの人の心を捉えるに違いない。

ところで、すでに述べたように、良寛の新たな住処となった木村家の納屋は狭く、さすがの良寛も阿部定珍に宛てた手紙の中で「如仰此冬は島崎のとや（能登屋）のうらに住居仕り候。信にせまくて暮らしがたく候」と珍しく不平を洩らしている。文政十二年の冬、早川樵巴とともにこの納屋を訪ねた九二（きゅうじ、もしくはくに）という人物が、一日歓談しその様子を描いた絵が糸魚川歴史民俗資料館に残されている。二人とも出身地も生没年も分からない。その絵を見ると、良寛はむしろの上に座布団を敷いて座り、客二人は敷物なしに並んで座っている。炉の自在鉤には鉄瓶が下がっており、板敷には、ひしゃくと水桶が置いてある。さらに茶道具が並べられ、他に蓋付の壺がある。柱のくぎには衣が掛けてあるが、夜具は目に入らない。また良寛の右側には、そだの木の束が積まれている。この絵から判断する限り、越後の厳しい冬を乗り切るだけの生活用品は備えられていたと推測できる。

『正法眼蔵』にあるごとく、谿声山色、谷川の流れの音に仏の説法を聞き、山の四季折々の自然の変化に清浄身を整えることがいままでのように出来なくなったことが「信にせまくて暮らしがたく」の嘆きを良寛に抱かせたのであろう。

木村家での日常

木村家の当主は代々熱心な浄土真宗の信徒だったが、良寛を尊崇すること篤く、家族同然に遇したことは、すでに第七の章で木村元右衛門について述べた。元右衛門は同家の室内に良寛の居場所を提供しようとしたが、良寛がこれを固辞し、また新たに庵室を建てることも良寛は肯わなかった。良寛はあくまで生涯一乞食僧として過ごす決意を固めていたのである。仏陀の最後の説法を記した経典である『仏遺教経《ぶつゆいきょうぎょう》』にある「知足」という仏陀の教えを持し続けた。

「汝ら比丘《びく》、若し諸の苦悩を脱せんと欲せば、當《まさ》に知足（足るを知る）を観ずべし。知足の法は即ち是れ富楽安穏の処なり。知足の人は地上に臥すと雖《いえど》も猶安楽なりとす。不知足（足るを知らざる）の者は天堂に処すと雖も亦意《またこころ》に称《かな》わず。不知足の者は富めりと雖も貧し。知足の人は貧しと雖も而《しか》も富めり。」

良寛はこの教えを胸に刻むことによって、富貴権門におもねり、大伽藍を支配するよりも、貧に徹することによって仏教者としての初心を、貫き通したと言えよう。道元が『仏遺教経』を重視していたことは言うまでもない。『正法眼蔵』の「八大人覚」の巻はそのほとんどが『仏遺教経』の引用である。

木村家の納屋に住むようになってからの良寛は庭に自分の好きな四季折々の花々を植えて楽しんだ。良寛のこの時期に作った長歌からどんな花を植えていたのかが分かる。

み園生《そのふ》に　植ゑし秋萩　はたすすき　菫たんぽぽ
合歓《ねむ》の花　芭蕉あさがほ　ふぢばかま　紫苑つゆくさ
わすれぐさ　朝な夕なに　心して　水を注ぎて
日覆ひして　育てしぬれば　常よりも　ことにあはれと
ひとも言ひ　われも思ひしを　時こそあれ　五月のつきの
二十日まり　五日の暮れの　大風の　狂ひて吹けば
あらがねの　土にぬへ伏し　ひさかたの　雨にみだりて
もも千々に　もまれにければ　惜《あたら》しと　思ふものから
風のなす　業《わざ》にしあれば　せむすべもなし

わが宿に植ゑて育てし百草は風のこころに任すなりけり

自分が丹精込めて植え育てた花々が五月に吹いた大風で散ってしまったが、風の仕業だからどうすることも出来ないと嘆いた長歌とその反歌である。「天保元年五月大風の吹きし時の歌」と詞書が記されている。反歌の「風のこころに任すなりけり」という言葉には、いかにも良寛らしい、「騰々任天真」の考え方が表れている。

また、日常的に木村家の人々が良寛の生活の面倒をいろいろ見た反面、良寛は木村家の子供たちに慕われ、多くの感化を与えたことであろう。良寛が元右衛門に子弟の教育を託されたという説もある。

子供が好きだった良寛は木村家の次女、かのをかわいがったことは間違いない。二人で手毬をついて遊んだり、オハジキをして勝ち負けを競ったこともあっただろう。かのはなかなかの美人だったが、親の言うことも聞かず、炊事も裁縫もしないわがまま娘だったらしいが、良寛の言うことなら耳を傾けたという。かのが十五歳で早川平三郎に嫁ぐに際して、元右衛門は良寛にむやり頼みこんで、嫁の心得を書いてもらい嫁入り道具と一緒に持たせた。その遺墨が残っており、良寛がどんな訓戒をかのに与えたか分かるので、現代語に直して次に引用する。

一、朝夕親に孝養をつくすべきこと

二、裁縫はすべて女の仕事であるから、いつもその心掛けを忘れるな

三、おかずの作り方、みそ汁の仕立て方をはじめ食事の作法はすべて嫁ぎ先のやり方を見習え
四、読み書きを勉強することを常に心掛けよ
五、掃き掃除をすること
六、相手の親の言うことに逆らわないこと
七、目上の者を敬い、目下の者に憐れみをかけ、命のあるものに対しては鳥獣に至るまで、情けを掛けること
八、ゲラゲラ笑ったり、ふくれっ面をしたり、手先で物を弄んだり、無駄口、立ち聞き、のぞき見、よそ目はかたく慎むこと
以上八か条、いつも心がけること。

良寛

おかの殿

こうした条文は、現代の常識からすると女性蔑視もはなはだしいということになるだろうが、当時の石門心学の女性用テキストである『女大学』にみられる訓戒とほぼ同じで、良寛がかのに、平凡な女の幸せを得てほしいという願いを込めて書いたものであろう。かのは明治十六年、八十二歳で天寿を全うした。

木村家の長男、周蔵は若いころ放蕩が過ぎて勘当されたことがあった。良寛はこの時、両親と

周蔵の間に立ち、勘当を解くことに成功した。しかし、周蔵が家に入る前に意見しようと思い、当家の表戸を手で押さえ、早朝から周蔵の帰宅を待っていた。しかし、いつまでたっても周蔵は姿を現さなかった。しかし、ふと気がついて室内を見ると裏口から入った周蔵が座敷に座り朝食を食べていた。これを見た良寛は破顔一笑してそのまま草庵に帰ったと伝えられている。自分の面子などより、親子の関係の修復をずっと大事に考えていた良寛の懐の深さを示す逸話である。木村家に良寛が世話になったころには周蔵にはすでに嫁があり、女の子が生まれていた。良寛がこの子をかわいがったことは七章に記したとおりである。

三条大地震と貞心尼の出現

良寛が木村家の納屋に移ってしばらくして三条の大地震が起き、北越一帯は大惨事に見舞われたが、良寛の暮らす木村家は無事であった。地震の被害は甚大で、越後での死者は千六百七人、全壊家屋一万三千余軒、半壊家屋九千三百軒、焼失家屋千百七十軒に及んだと言われる。先にも記したように、この時良寛は山田杜皐に宛てて「死ぬべき時に死に、災難に遭うべき時に災難に遭うのが災難を逃れる最大の方法」と書いている。

しかし、地震にもまして、木村家時代の良寛には重大な事件が出来した。貞心尼の出現である。

文政九年（一八二六）の春、良寛の前に一人の若く美しい尼僧、貞心尼が現れた。良寛六十九歳、貞心尼二十九歳、四十歳の年の差があった。しかし、二人の心は急速に接近する。

貞心尼は寛政十年（一七九八）、長岡藩の貧乏藩士、奥村五兵衛の次女として生まれ、幼名をマスといった。十七歳の時、北魚沼郡小出島龍光寺村の医師、関長音のもとに嫁した。長音は長岡藩の医師関玄達の養子となり、医術を習得し、小出町で医師を営んでいた。しかし、マスは五年後、子供が出来なかったために離縁され、実家に戻った。長音が病死したため、もともとそりが合わなかった長音の継母によって家を出されたという説があるが、離別後も長音が生きていたことが近年の研究で明らかになり、子供が出来なかったことが原因であるという説が正しいようだ。この貞心尼については瀬戸内寂聴に『手毬』という優れた小説があり、フィクションと事実がないまぜになってはいるが、貞心尼という女の一生が実に生き生きと描かれている。そこでは子供が出来なかった原因はマスにあるのではなく、長音が不能者であったからだと説明されている。「嫁して三年、子なきは去れ」というのが当時の常識であり、原因がどちらにあろうと、これがマスの運命であったということだろう。

長岡の実家に戻ったマスは、貧しい実家に頼ることも出来ず、もともと宗教心に富んでいたために下宿村新出にあった尼寺、閻王寺《えんのうかく》に入り、眠竜尼、心竜尼という二人の尼僧の弟子となって、剃髪し、貞心尼の名を与えられた、と石田吉貞の『良寛』にはある。しかし、『全伝』には柏崎町洞雲寺の泰禅和尚に随って剃髪したとある。ここでは石田説に従って尼寺に入ったという説を採る。剃髪した貞心尼は二十三歳になっていた。その後、厳しい仏道の修行に励むとともに、歌道の修練も怠らず、当時北越で詩歌に優れた名僧として知られ始めていた良寛に師事したいという思いを募らせて行った。やがて尼僧になって六年後の文政九年、古志郡福島村（現長岡市）の閻魔堂に一人住むことになった。この辺の事情も諸説あってどの説が正しいのか私には判断できない。

そして翌十年の夏、機会あって木村家を訪ねることになり、塩之入峠を越えてはるばる五里の道のりを踏破し、自分で作った手毬を土産に良寛の庵を訪ねたが、運悪く良寛はその日外出していた。貞心尼は「師常に手まりもて遊び玉ふとききて奉るとて」という詞書を添えて次の歌と手毬を残して庵を去った。

これぞこの仏の道に遊びつつつくやつきせぬみのりなるらむ

この歌に対して良寛は次の歌を返歌として貞心尼に贈った。

つきてみよひふみいむなやここのとをとをと納めてまた始むるを

貞心尼は自分が精魂込めて作り上げた手毬を、良寛が喜んでつく姿を想像して大いに喜んだに違いない。

貞心尼が仏道と歌道についての師事を許されて、念願の良寛との対面を果たしたのは、その年の秋だった。

この初対面の様子を、想像力を駆使して見事に描いた瀬戸内寂聴の『手毬』の文章を引用しよう。

「能登屋の良寛さまの庵の前は、この前来た時は殺風景な庭だったのに、誰が植えたのか薄が群がってのび、女郎花や紫苑が花をつけ、庵の軒下には秋萩がのび、可憐な紅色の花が千代紙細工のように窓辺にしなだれていた。窓は細く開いていた。

母屋でお内儀に今日はいらっしゃると伺っていたのに、やはり細く開いた窓から、薄い煙が流れ出ているのを見ると、その場に座り込みたいような安堵を覚えた。

戸口の外でおとなうと、

『お入り』

という声が聞こえた。思ったよりはりのある若々しい男の声で、先客があるのかと思った。戸を開けて土間に入ると、座敷の障子は開け放ってあり、囲炉裏の前に正座したお人が静かに首を廻して私を見られた。

幾度も夢に描いた俤と、それはそっくりのようにも思え、また似ても似つかぬお方のようにも思えた。

仙界の人が鶴の姿を借りて、そこに舞い下りているような印象があった。すがすがしく肉の落ちた長身を白衣で包み、真綿のたっぷり入ったらしい黒っぽい鉄色の袖なしを重ねている。長い顔に高い鼻がきっかりと聳え、切れ長の細い目が、一見鋭く見えた。

ややしゃくれた細い顎がとがり、薄い唇の口許は小さくひきしまっていた。頬の色は青白く清潔で、老いの皺など見当たらず、絹のような艶があった。

白い鶴が清楚で神々しいように、良寛さまのお姿も清らかな気韻にみち、すがしく麗しかった。」

遍澄や安田靫彦の描いた良寛像をもとに描き上げたのであろうが、良寛の世俗を脱した姿と貞心尼の良寛に対する思慕と崇敬の入り混じった気持ちが伝わってくるいい文章だと思う。

貞心尼との心の交流

こうして弟子となった貞心尼と良寛の心の通った交流が始まるのである。その一部始終は後に貞心尼が編んだ『蓮の露』によって知ることが出来る。

良寛に会うことの出来た感激を貞心尼はその場で歌に詠んだ。

君にかくあひみることの嬉しさもまだ覚めやらぬ夢かとぞ思う

こうやって良寛さまに直接お目にかかることが出来ましたが、その喜びは現にこうしてお目にかかっている間も夢のような気がいたします、と貞心尼は伝えているのである。この貞心尼の喜びに良寛は歌を返した。

夢の世にかつまどろみて夢をまた語るも夢もそれがまにまに

夢のような人生でしばしまどろんで夢を見て、その夢をまた語るのも夢と夢のあいだですね、と詠んだ歌を返した。それから二人は様々なことを語り合った。仏道修行のこと、歌の修行のこと、語り合うことはいくらでもあり、いつの間にか夜も更けて行ったが、二人は語り続けた。とくに貞心尼は夢にまで見た良寛と会って話すことの出来る喜びを全身で表し、良寛が辟易するような情熱を滾らせ、語り飽きるということを知らなかった。良寛は窓の外を見て、月が中空に高く懸かっているのに気が付き、夜気も冷え体に毒ですよといういたわりを込めて、座を立つ潮時が来たことを知らせようと一首を詠んだ。

白妙の衣手さむし秋の夜の月なか空に澄みわたるかも

貞心尼は良寛の気配りも何のその、ただひたすらに話を続けたかった。普段なら粗末な閻魔堂の窓から眺める秋の冴えわたる月の光に心を動かされるところだが、良寛に比べればどんな美しい光景も色褪せて見えた。そして良寛の歌に応えた。

向ひ居て千代も八千代も見てしがな空行く月のこと問はずとも

こうして尊師のお顔をいつまでも拝見していたいのです、夜空の月のことなどどうぞお尋ねにならないでください。四十も年下のそれも絶世の美人からこのように応じられたらどんな朴念仁でも喜ばずにはいられないであろう。普段なら仏道の厳しい修行によって鍛え上げた精神力によって、女性に対する自分の感情をコントロールしたであろう良寛も、貞心尼の汚れのない子供のようにひたむきな思いに押され、たじたじだったことは想像に難くない。良寛を信じきり、尊敬しきった貞心尼の思いが、良寛の胸底深く秘められていた男としての感情を呼び起こしたのに違いない。単刀直入に言えば、この時二人はすでに相思相愛の状態にあったのであろう。貞心尼は、金も地位もない一介の乞食僧に過ぎない良寛の心に、精神の珠玉を見出し、良寛は良寛で自分の美貌も若さも忘れてただ仏の道を求め、自分を慕う貞心尼の心に五合庵時代に毎日汲み上げた、清らかな苔清水を見たのではないか。世間の常識や合理的思考を超えた男女の愛の世界というものはまことに不思議なものである。二人の出会いは運命の糸に結ばれたものであったとしか言いようがない。

かくして良寛も貞心尼の真心に誠心誠意応じざるを得ず、次の歌を返した。

心さへ変らざりせばはふ蔦の絶えず向はむ千代も八千代も

貞心尼の心が変わることさえなければ、自分の心はいついつまでも貞心尼に向かって伸びて行きますよ、と良寛は告白したのである。現代人からすると歌を詠むことで自分の心を相手に伝えるなどと、何とも悠長でじれったいと思われるだろうが、歌を詠むことによって自分が直接口に出し難いことでも相手に伝えることが出来たのである。風雅の心はつねに美しいものに対して敏感である。月や花ばかりでなく美しい女性にも心は寄り添う。芭蕉が『笈の小文』で言う「造化にしたがひて四時を友とす」の中には四季折々の自然の美しさばかりではなく、女性の美しさも含まれると解して誤りであるはずはない。さらに、この蔦という言葉にはどことなく官能的なイメージさえ含まれているように思える。「あなたにしがみつきたい」という思いが込められていると考えることも出来る。良寛さま、さすがに女心にも通じていらっしゃると感嘆せざるを得ない。

しかし、愛し合う二人にとって時間の経つのは早い。瞬くうちに別れの時間が迫ってくる。貞心尼がその夜泊まることになっていた、木村家の人々の目も気にしなければならなかっただろう。ついに貞心尼は別れを告げる歌を詠む。

立ち帰りまたも訪ひ来む玉鉾の道の芝草たどりたどりに

玉鉾は道にかかる枕詞である。今夜は御暇しますが、今日来た道と同じ芝草に覆われた道をたどりながら、きっとまたお尋ねします、と別れを告げなければならなかった。この別れの歌に対して、良寛も再会を約す歌を詠んで応える。

またも来よ柴の庵をいとはずば薄尾花の露を分け分け

是非またお出でください。このような粗末な柴の庵が嫌でなかったなら、薄や尾花の露をよけながら、と。まことに風雅の徒は、年の差も貧富も地位もすべてを超えて通じ合うのである。今日、もっとも欠けているのがこの風雅の精神ではなかろうか。茅屋を金殿玉楼に変える秘法が風雅の道には潜んでいる。貞心尼にとっては良寛の住む粗末な納屋も御殿に等しいのである。

しかし、その後、待ち焦がれている貞心尼からの音信は途絶え、良寛は来訪を促すために、歌を贈った。

君や忘る道やかくるるこの頃は待てど暮らせど音ずれのなき

七十過ぎた男、それも僧籍の身にある男が四十も年の離れた絶世の美人に寄せた歌である。あなたは忘れたのでしょうか、それとも道が分からなくなったのでしょうか、待てど暮らせどあなたからの音信がないのはどうしてでしょうか、と良寛は自分の胸のうちを貞心尼に告げている。いかに激しく良寛が貞心尼を想い、その来訪を待ち焦がれているかが、測測と伝わってくる歌である。恋文と言っても差し支えないだろう。まことに恋に年齢はない。歌には「冬の初め頃」という詞書があり、最後に霜月四日の日付が記されている遺墨が残っているそうである。ともに中空の月を仰いだ初めての対面からすでに数カ月過ぎていると推測できる。貞心尼は早速返歌を贈っている。

事繁きむぐらの庵に閉じられて身をば心に任せざりけり

いろいろ用事が多くて外出することが出来ません。心の思うままに身を従わせてお訪ねすることが出来ないのです。切ない胸のうちを貞心尼も歌に託した。瀬戸内寂聴の『手毬』には貞心尼は近所の女性たちの繕い物を引き受けて生計の糧にしていたことが描かれているが、当時の女性がまともに金を得る手段はそれぐらいしかなかっただろう。年が明けても貞心尼は良寛を訪ねることが出来なかった。年賀状に次の三首を添えて贈った。

おのづから冬の日かずの暮れ行けば待つともなきに春は来にけり
われもひともうそもまこともへだてなくてらしぬきけるつきのさやけさ
さめぬればやみもひかりもなかりけりゆめ路をてらすありあけのつき

黄金より尊いもの

自然に冬の日々が過ぎて行けば、待っていなくとも春の日はやって来る、と良寛を慰めているような歌だが、自分に言い聞かせている歌にもとれる。雪国の越後の人々の春を待ち焦がれる気持ちと、自分が良寛に会いたい気持ちとを重ねていることは言うまでもない。この歌に対して良寛は早速次の歌を返した。

天が下に満つる玉より黄金より春の初めの君が訪れ

天下に満ちる宝玉や黄金などより私にとってはあなたの訪問の方がずっと価値がある、という意味であることは一読して明らかであろう。まさに一日千秋の思いで貞心尼の訪れを待ち焦がれる思いが溢れている。古希を過ぎてもなおこうした初々しい恋心を失わないところが良寛の良寛たる所以であろう。『狂雲集』で知られる一休宗純も老いてから盲目の少女、しん女を溺愛しているが、男の女に対する思いはいくつになっても変わらない。私は若いころ、すでに還暦を過ぎた唐木順三が『しん女語りぐさ』の中で、しん女に「(一休が)あらぬところを口で吸い」と語らせているのを読み、唐木先生もまだ枯れていないなあと思うと同時に、一休を羨ましく感じたものである。また、介護士をしていた若い男性から、夜中に部屋の見回りに行くと、八十代の女性が素裸になって待っていることがしばしばあったという話を聞いたことがある。さらに、『古今著聞集』には、長年の修行を積んだ有徳の尼僧が臨終に際して、「まらが来るぞ、まらが来るぞ」と叫んだという話が出てくる。きわめて人間的な逸話ではあるが、何となくやりきれない気がするのも確かである。良寛と貞心尼のような関係は凡夫凡婦にはとても真似できないとつくづく思う所以である。

良寛のこの歌に貞心尼は次のように返事をした。

春風にみやまのゆきはとけぬれどいはまによどむたにがわのみず

春風に自分が越えて行く塩之入峠の雪は解けましたけれど、岩の間にはまだ雪解け水が溜まっております、というのが文字面の意味であるが、自分にはいろいろ仕事があり、思うように時間を作って出かけることが出来ません、という心のうちを告白していることは言うまでもない。

こうした歌のやり取りを続けているうちに二人の思いは相互にますます募り、貞心尼の良寛の住む庵への訪問も繁くなって行った。また貞心尼が別れを告げるに際しての良寛の未練心も次第に強くなって行った。この間の両者の歌のやり取りは、激しい情熱に満ち、まるで二十代の若者同士のやり取りのように思える。恋には年齢は関係ないとつくづく思わせるものがある。良寛さま、頑張ってるなあ、とやっかみ半分、声を掛けたい気分になる。貞心尼が良寛を訪問し帰ろうとした時、良寛は一首を贈った。

霊山の釈迦のみまえにちぎりてしことなわすれそよはへだつとも

お釈迦様の前での二人の誓いは、私が死んであの世に行っても忘れないでください、という懇願である。貞心尼は次のように返す。

霊山の釈迦のみまえへにちぎりてしことはわすれじよはへだつとも

お釈迦様の前で契ったことはあの世とこの世に二人が別れても忘れることなどありません、と貞心尼は応じている。この「契り」の内容については想像する以外にないが、愛の契りであったことは間違いないだろう。二人の関係はあくまでプラトニックなものであったとするのが一般的見解であるが、こういう歌だけ読んでいると、もっと深い関係、少なくとも接吻ぐらいはしていたのではないかと想像したくなる。『広辞苑』には「契り」の項に約束、契約、前世からの因縁といった意味の他に当然のことながら、「男女が情を通ずること」、「夫婦の交わり」の意を挙げている。良寛と貞心尼の関係が精神的なものにとどまらず、肉体的なものにまで達していたと考えることは、良寛を冒瀆することになるどころか、その生命力の大きさ、激しさを讃えることになるのではないか。このことに関して吉野秀雄は名著『良寛　歌と生涯』の中で次のように記している。

「貞心尼は良寛の唯一の異性の法弟であり、かつすぐれて美貌の人だったので、二人の間に肉体的な交渉があったかどうかにつき興味を持つものが世間に非常に多い。私はそうした質問をうけるたびに、あいにく見ていなかったのでわからぬ、と答えるのを常としてきたが、内心では断乎としてその種の交渉を信じていない者だ。ただ良寛が貞心尼に特別の愛情をいだいていたことだけを信ずる者だ。もっともこれとて私の主観にすぎないから、あてにはならぬといわれれば引っ込むほかはないが、それならば今度はわたしが問う。もし男女関係があったとして、人びとは良寛を尊敬するか、しないか。そういうわけなら良寛はいやだという人は、遠慮なく良寛からされぱいい。」

もっとも吉野はこうしたことはどうでもいいことだと付け加えている。要するに良寛の歌や詩や書は鏡のような存在で、人はそこに映る己の姿を語るしかないのである。自分の主観でしか良寛は語れないところがあり、そこがまた良寛の魅力でもあるが、自分の主観を他人に押し付けるわけにはいかないことも十分知る必要があるだろう。

次の訪問の折であろうか、貞心尼は別れに際して「御いとま申すとて」という詞書を付け、次の一首を贈っている。

いざさらばさきくてませよほととぎすしばなくころはまたも来て見ん

いまお別れしますが、どうぞお達者でいらしてください。ホトトギスの鳴く初夏のころにはまたお目にかかりましょう、と貞心尼は別れを告げたのである。この歌に、浮雲のように覚束ない体ですから、ホトトギスが鳴きしきるころにはあの世でお待ちしているかもしれませんよ、と良寛は応える。

うきぐものみにしありせばほととぎすしばなくころはいづこにまたむ

とてもホトトギスが鳴くころまでは待てませんよという良寛の切ない気持ちが伝わってくる歌である。貞心尼はこの良寛の思いに応えたに違いない。初夏にまた良寛を訪ねている。その時もしばしの逢瀬を二人は満喫したであろうが、やはり別れの時間はすぐにやって来る。良寛は秋にはまた是非来てくれと貞心尼に懇願の歌を贈る。

秋萩の花咲くころは来てみませいのちまたくばともにかざさむ

秋萩の咲くころには是非また来てください、そのころまで元気に生きていれば一緒に秋萩の花をかざしましょう、と歌ったのである。

炎暑の峠を越えて

しかし、貞心尼は秋まで待てなかった。「されど其ほどをもまたず又とひ奉りて」という詞書を付した歌に貞心尼の気持ちがよく表れている。

あきはぎのはなさくころをまちどをみなつくさわけてまたもきにけり

秋萩の花の咲くころまでは遠すぎてとても待てません、と貞心尼は夏草をかき分けるようにして炎暑の塩之入峠を越え、五里の道を島崎までやって来た。良寛は喜びを歌に詠む。

あきはぎのさくをとおとみなつくさのつゆをわけわけとひしきみはも

秋萩の咲く季節は遠すぎるので、夏草の露に濡れて訪ねてきてくれましたね、良寛は喜びを隠さない。秋萩の咲くころに会いましょうと言ったものの、良寛も貞心尼の訪れが待ち遠しくてたまらなかったであろう。二人の気持ちが五里の道を隔てていても通じ合う証拠だと言ってもいい。それにしても、夏の暑い盛りに二十キロの道のりを女の脚で歩き通すことは並大抵のことではない。良寛の姿を見たい、良寛と話をしたいという強い思いを胸に、炎天下の山道を歩く貞心尼の恋心が切々と伝わってくる。
しかし、この夏、貞心尼は良寛の庵を一度訪ねただけではないようだ。良寛の外出時に訪ねたために、良寛は不在、甕にさした蓮の花だけが匂っているのを歌った、次の歌がそのことを語っている。

きて見ればひとこそ見えねいほもりてにほふはちすのはなのとふとさ

蓮の花は極楽浄土からの迎えを意味する。その尊い蓮の花が強い香りを放って良寛の庵の留守番をしているというのである。夏の暑い日に、はるばる五里の道のりを訪ねてきても愛しい人に会えない不運を、蓮の花の香りが慰めてくれる。風雅の道、仏の道を共にする者同士にしか分かり合えない、阿吽の呼吸と言える。この歌に対しもちろん良寛も応える。

みあへするものこそなかれ小がめなるはちすのはなをみつつしのばせ

おもてなしするためのものは何もありませんが、小さな甕に活けた蓮の花を眺めながら私を偲んでください。貞心尼は早速、返歌を良寛に贈る。

ごくらくのはちすのはなのはなびらをわれにくやうすきみがじむつう
いざさらばはちすのうへにうちのらむよしやかはづとひとはみるとも

『正法眼蔵』の「神通」の巻には様々な神通が語られているが、それは仏教者にとってはごく普通のことであると述べられ、「仏道はかならず神通より達するなり」とある。良寛の神通力のおかげで自分は極楽を垣間見ることが出来たと貞心尼は応えたのである。二首目は文字通り解せば、お別れを告げますが、この蓮の花の花びらの上に乗っています、人は蛙だと思うでしょうが、という意味である。しかし、良寛という蓮の花から私はもう離れはしません、という貞心尼の固い決意が読み取れる。

からすと子がらす

また、ある時、良寛が与板の村にやって来る、と友人が知らせてくれたので、貞心尼が大急ぎで駆け付けたところ、明日はもうほかの村に旅立ってしまうということだった。人々は良寛との別れを惜しんで、いろいろ話をし、打ち解けて遊んでいた。そこで、貞心尼が冗談半分に、「良寛さまは色が黒く、おまけに衣も黒いからこれから烏と呼びましょう」と言ったところ、「私にぴったりの渾名をよくぞつけてくださった」と笑いながら一首を詠んだ。

いづこへもたちてをゆかむあすよりはからすてふ名をひとのつくれば

明日からはどこへでも自由に立ち去って行けるぞ、烏という名前を人が付けてくれたから、とほがらかに貞心尼に告げた。すかさず、貞心尼はこれに応じた。

やまがらすさとにいゆかば子がらすもいざなひてゆけはねよはくとも

山烏さん、次の村に行くのなら、子烏も連れて行ってください、まだ羽が弱くても、と貞心尼は良寛に甘えたのである。

この貞心尼の恋慕の情に、良寛は彼らしくない人目を気にする歌を詠んでいる。おそらく照れ臭かったのであろう。こういうところに良寛の少年のような純情な気持ちが読み取れる。

いざなひてゆかばゆかめどひとの見てあやしめ見らばいかにしてまし

連れて行くことは一向にかまいませんが、二人の関係を人が見て怪しんだらどうしましょう、と応じているのである。恋をする女は男よりはるかに大胆である。人の目を気にするような素振りを貞心尼は毛ほども見せない。

とびはとびすずめはすずめさぎはさぎからすとからすなにかあやしき

歌の意味は説明するまでもないだろう。貞心尼は同じ仏の道を志す仲間同士、何を人は怪しむのですか、と問い返している。こうして二人が親しく語り合い、歌のやり取りをしている間に一日はあっという間に暮れてしまう。そこで今日はもう宿に帰りますが、明日またお訪ねしますと、いささか押しつけがましい歌を詠む。

いざさらばわれはかえらむきみはここにいやすくいねよはやあすにせむ

それではさよならしてお別れしましょう、あなたはここで安らかにお眠りください、もう明日にしましょう、と良寛は別れを告げ、与板の知人の家に帰った。

翌日、良寛は心を弾ませて、朝早くから貞心尼を訪ね、貞心尼は早速、一首を詠んだ。

うたやよまむてまりやつかん野にやいでむきみがまにまになしてあそばむ

歌を詠みましょう、手毬をつきましょう、野に出て遊びましょう、良寛さまのお好きなようにして遊びましょうと、貞心尼が溢れる喜びを歌って良寛に応える。二人の息がぴったり合い、心が通じ合っていることが分かる。この日、貞心尼は幼子に帰ったような気持ちで良寛と心行くまで遊び暮らしたであろう。苦労と忍耐の日々を過ごしてきた貞心尼にとって、良寛と過ごす一日は極楽にも等しかったに違いない。良寛も喜びと期待を込めて、この日をどう過ごそうか歌う。

うたやよまむてまりやつかむ野にやでむこころひとつをさだめかねつも

二人で歌を詠むか、手毬をつくか、それとも野を散策するか、どれを今日の楽しみにしてよいか、決めることが出来ない、と良寛は喜びに満ちて期待と楽しい迷いを歌う。休日を迎えた子供が、今日は何をして遊ぼうかと心躍らせているような気分が伝わってくる。とても古希を過ぎた老人の歌とは思えない。良寛ならではの境地を歌った、良寛ならではの歌であろう。

良寛病む

この二人の邂逅の後、文政三年の八月、良寛は再び旅に出た。与板で眼病を治療し、かねてからの貞心尼を訪うという約束を果たすためであった。しかしこの老軀を押しての旅に、良寛の体力はついいて行けなかった。与板を出ると間もなく、足がだるくなり、腹が痛み、貞心尼の草庵を訪うことなどとても無理であった。ついに地蔵堂で病に倒れてしまった。

貞心尼には宿から「約束を守れず申し訳ありません、許してください」といった内容の手紙を送り一首を添えた。

秋萩の花の盛りもすぎにけり契りしこともまだ解けなくに

秋萩の盛りも、約束を遂げることが出来ないうちに過ぎてしまいました、という違約を詫びる書信である。東郷豊治によると、この時期から良寛の体力は落ち始め、ともすれば病の床に臥すことが多くなったという。それかあらぬか、翌文政十三年の七月、激しい下痢の症状に見舞われるようになった。もともと良寛の食事は粗末で栄養を十分に取るなどということは不可能であったが、庇護者たちの世話や気遣いで時にご馳走に与ることもあり、托鉢で手に入れられなかった場合の最低限の食料も庇護者たちに無心できたようである。座禅で鍛えた心身の強さもあっただろうが、やはり老齢には勝てなかった。それに、良寛の草庵での食事は、醤油の入った竹筒に何もかも放り込み、一日三度か二度、時には一度、それを食べるといったものであった。来客にもそれを奨めたというから、さぞ客は困っただろう。また、冬はまだしも、夏場には醤油に漬けてあっても当然、そこで細菌が繁殖することもあり得ただろう。老人がこのような食生活をしていたら下痢の症状に見舞われるのも当然である。

弟の由之が早速、見舞いに駆け付けたがこの時の病状はたいしたことはなかった。しかし、この年の暑さはことのほか厳しく、雨も少なく、炎天の続く日が多かった。こうした日々を象徴するような歌がある。

いとどしく老いにけらしもこの夏はわが身ひとつの寄せどころなき

病を得たことによって、自分の老いが進んだことを自覚し、この夏は自分の体でありながら自分の体をどうすることも出来ないことを詠んだ一首である。

七月、八月と小康を得たように思えた下痢の症状が、九月に入ると一気に悪化した。その苦しみを良寛は詠んでいる。

言に出でて言へばやすけし瀉腹《くだりばら》まことその身はいや堪えがたし
うちつけに飯絶つとにはあらねどもかつ安らひて時をし待たむ

言葉にすれば下痢の一語で済んでしまうが、実際に下痢の症状に見舞われると、何とも堪え難いものである、と歌い、突然の断食ではないけれどもこうして安静にして回復する時を待とう、と歌った二首である。断食に慣れていても連続して起きる下痢の経験はまったくなかった良寛は、筆舌に尽くせぬ苦しみを味わったに違いない。この間、弟の由之がしばしば良寛を見舞ったようである。やはり肉親の愛というものはいざとなると頼りになるものである。良寛は宗庵という月潟村の医者にかかっていたと東郷豊治は述べているが、その投薬の効果はほとんどなく、病状は徐々に進行していった。病名はその症状からして、赤痢ではないかと言われているが、もちろん確証はない。一人狭い庵に寝て下痢に苦しむ良寛を慰めるものは、能登屋一族の看病や心遣いがあったにしても、また解良家の人々、阿部家の人々をはじめとする近隣の人々の見舞いがあったにしても、やはり由之の見舞いであったろう。大雪の日に塩法坂を越えて与板から島崎まで見舞いに来てくれた由之に感謝して、良寛は雪を責めた歌を詠んでいる。

心なきものにもあるか白雪は君が来る日に降るべきものか

激しい下痢は夜昼を問わず良寛を悩まし、良寛の意識は時々混濁するまでに病勢は進んだが、それでも良寛は歌を詠み続けた。

ぬばたまの　夜はすがらに　屎まり明かし　あからひく　昼は厠に　走りあへなくに

この夜らの　いつか明けなむ　この夜らの　明けはなれなば　女《おみな》きて　尿《はり》を洗はむ　こひ展《まろ》
び　明かしかねけり　長きこの夜を

この女は貞心尼という説もあるがおそらく島崎村の女たちが交代で世話をしていたのであろう。屎だらけになって一夜を明かさなければならない苦しみは良寛にとって地獄の沙汰と言ってもよかっただろう。おそらく座禅で自らを鍛えぬいた良寛も、下痢の責め苦の中ではどうすることも出来なくなり、念仏を唱えていたのではなかろうか。融通無碍に仏道を考えていた良寛が、弥陀の本願にすがることによって病苦との闘いを行ったとしても不思議はない。

この良寛の病気の知らせを聞いて一番驚き、心を痛めたのが貞心尼であったことは言うまでもない。『蓮の花』に貞心尼の思いが記されている。ここは原文を引いて現代語訳を付ける。

「かくてしはすのすえつかた俄におもらせ給ふよし人のもとよりしらせたりければ打おどろきていそぎまうで見奉るにさのみなやましき御気しきにもあらず床のうへに座しゐたまえへるがおのが参りしをうれしやとおもほしけむ」

(こうして十二月の末に、にわかに病状が悪化したとの知らせが島崎の人からあったので、驚いて急いで駆けつけてみると、それほど苦しい様子もお見せにならないで寝床の上にお座りになっておられ、私が来たのを嬉しいとお思いになった様子でした。)

貞心尼の言う通り、良寛は彼女の来訪を心待ちにしており、その喜びを歌う。

いついつとまちにしひとはきたりけりいまはあひ見てなにかおもはむ

いつ来るか、いつ来るかと待ちかねていた人がとうとうやって来てくれた。いまこうして会っているとそれだけで十分である、ほかのことなど考えられない、と良寛は手放しで貞心尼の来訪を喜んだ。地獄に仏、と言っていいだろう。あるいは、観音か菩薩が出現したように思ったかもしれない。

辞世と遷化

貞心尼はこの時から良寛の傍を離れることなく、日夜看病に明け暮れることになる。しかし、良寛の病状は日に日に悪化し、手の施しようがなく、死期が迫っていることが誰の目にも明らかになった。その悲しみを貞心尼は歌った。

いきしにのさかいはなれてすむみにもさらぬわかれのあるぞかなしき

貞心尼は、日夜看病しつつ、生き死にの境を超越して生きている二人にとっても避けられない別れのあることは悲しいことだと、嘆かざるを得なかった。

『正法眼蔵』には「生死《しょうじ》」の巻がある。この巻は他の巻と比べてはるかに短いが、増谷文雄はこの巻は「菩提薩埵四摂法」や「唯仏与仏」の巻に匹敵するほど重要な巻であると述べている。この

「生死」の巻の中に「この生死《しょうじ》は、すなわち仏の御いのちなり。これをいとひすてんとすれば、すなわち仏の御いのちをうしなわんとする也。これにとどまりて生死に著《じゃく》すれば、これも仏のいのちをうしなふ也、仏のありさまをとどむるなり。いとふことなく、したふことなき、このときはじめて仏のこころにいる」という一節がある。またこの巻には、生は不生であり、滅もまた不滅であるとも記されている。生死は仏の命であり、捨ててもいけないし、執着してもいけない、と説いているのである。良寛の弟子として貞心尼は当然この教えを心得てはいただろうが、やはり生身の女性としては愛する相手の体が日に日に衰え、死が迫ってくるのには耐え難い思いを抱いたであろう。

一方で、死の床にある良寛は迫りくる死をどう考えていたのだろうか。半世紀を超える修行の成果が問われる場面である。まず、辞世の歌を記そう。死の前日、半紙に記して知人に配った歌だと一般的に言われている。

形見とて何かのこさむはるは花山時鳥秋はもみぢ葉

道元の「春は花夏ほとぎす秋は月冬雪さえてすずしかりけり」の歌を踏まえていることは言うまでもない。川端康成がノーベル文学賞授賞式の挨拶に良寛の辞世の歌として引用した歌である。しかし、東郷豊治は、これは国上山を去る時の歌であって、辞世の歌ではないと主張する。東郷は辞世の歌とは言っていないが、貞心尼に与えた「むさし野の草葉の露のながらへてながらへはつる身にしあらねば」の歌が死を間近に覚悟して詠んだ歌だと述べている。

また、臨終に際して集まった人々の一人から「辞世」はと問われ、

散る桜残る桜も散る桜

と応じたと東郷豊治は述べる。この句を相馬御風の筆跡らしい字で記された紙片が糸魚川市の歴史民俗博物館に残っているという。またアジア・太平洋戦争時の特攻隊のパイロットの若者たちが口ずさんだ句だということを仄聞《そくぶん》したことがある。太平洋の青空から米艦に突っ込んで行った若者の命は、日本の花を象徴する桜の花弁に譬えるのがふさわしい。

しかし、貞心尼は次の句を辞世の句に替えて良寛は引用したという。

うらをみせおもてをみせてちるもみぢ

良寛は道元の教えである「生死一如」を貞心尼に見せて死んでゆくのだと告げているのだと私は解する。また、病が篤くなり、見舞いの人が「何かお心残りのことはございませんか」と問うたのに対して「死にとうない」と答えたという記録もある。さらに、臨終に際して集まった人々

が遺偈を求めたところ、口を開いて「阿」の一声を発しただけで「端然として坐化す」と良寛の碑銘にはあるという。その他、「われながら嬉しくもあるか弥陀仏の今其国に行くと思ひば」の辞世を残し、「死魔の来たり臨むに当たりて尚ほ従容として迫らざりし状況を想像するに足れり」と『弥彦神社　附・国上と良寛』は記している。一時の迷いはあったものの、道元の教えを最後まで良寛は実践したと言えよう。

良寛が死んだ後に床を上げてみるとその下に三十両の金が残されていたと『全伝』は記し、口碑の伝えるところによると四十両だったと相馬御風の『大愚良寛』は記している。この金は自分の葬式用に残した金だという説が一般的であるが、ハンセン病の療養施設を作るための資金として良寛が蓄えていたものだという説がある。私はこの説の方が良寛の生き方死に方にふさわしい説だと確証はないが考える。

貞心尼の身も心も捧げた看病の果てに、良寛は天保二年（一八三一）正月六日、その七十四年にわたる生涯を閉じた。家の外では雪が降り始めていた。

葬儀は一月八日に行われ、相馬御風の『良寛百考』は、葬式の会葬者はおびただしいものであり、その葬列は先頭が約三丁（約三百三十メートル）先にある火葬場に達しても、棺はまだ木村家を出ていなかったと伝えている。島崎村のほとんど全員が良寛の葬儀に参加したと言っても過言ではない。もちろん、近在の村々からも良寛を慕う多くの善男善女が参集したであろうことは言うまでもない。

火葬場で良寛の遺体が荼毘に付されると、五色の炎が立ち上った。多くの舎利（遺骨）が残る証拠だと人々は噂し合い、翌日、灰を除いてみるとその通りだった。背中の大きな骨はみな五色で、節々は殊に美しく、人びとはみなこれを手に取って眺めた。中には、「細工物にしたら見事なものが出来る」などと冗談を口にする者さえあった。多くの人々が舎利を持ち帰ったが、墓が島崎村の木村家の菩提寺である隆泉寺境内に建てられた。隆泉寺は重ねて言うまでもなく、曹洞宗の寺ではなく、浄土真宗の寺である。仏教に宗派はあってはならないとする道元の教えを死に際しても良寛は実践したと言えよう。

良寛死後、二百年近くたったいまも、良寛の墓を詣でる人は絶えない。一介の乞食僧がここまで多くの日本人の心を摑んでいることをどう考えたらいいであろうか。この問いに唐木順三は『良寛』において、「四角四面の田辺元博士が晩年に良寛を思慕し」、「晩年、則天去私を言った漱石と、騰々任天真の良寛とには相通ずるものがあり」、寸心居士西田幾多郎と良寛は「共に『懐素』を習ったことからいえば相弟子といってよく」、「二人は禅において相通じている」と述べ、「良寛にはどこか日本人の原型のようなところ、最後はあそこだというようなところがある」と結論している。

これに私は日本を代表する文豪や哲学者のみならず、今日の貧乏歌人に至るまで心から敬慕する点でも良寛には「日本人の原型のようなところ、最後はあそこだというようなところ」があると付け加えたい。

良寛略年譜

一七五八年（宝暦八）　越後出雲崎の大名主、山本家（屋号・橘屋）の長男として生まれる。俗名、橘栄蔵。字は曲（まがり）。父、以南は当時二十三歳。俳人として知られ、号は以南。母は山本家の佐渡相川町の分家橘庄兵衛の娘のぶ、ただし山本家に入り秀（子）を名乗る。当時二十四歳。時代は、田沼意次が大名となり、幕政を牛耳っていた。また、尊王の機運が起こり始め、幕府は警戒心を強め、越後出身の尊王思想家竹内式部等が捕らえられ、正親町三条公積はじめ公家十七人が罷免・処罰された（宝暦事件）。

一七六〇年（宝暦十）　妹（長女）むら誕生。

一七六二年（宝暦十二）　弟泰儀（次男・俳号由之）誕生。

一七六四年（明和一）　地蔵堂町の大森子陽の学塾三峰館に入塾。親戚の中村久右衛門の家の二階に寄宿。師の子陽は江戸の細井平洲の下で徂徠学を修めた儒学者だったが、月潟村の永安寺の大舟和尚の下で、有願、中村久右衛門等とともに、若いころに修行し、詩文のことも学んだ。
父以南、町名主を世襲。

一七六六年（明和三） 春、大森子陽江戸留学のため三峰館閉塾。

一七六九年（明和六） 次妹、たか、誕生。

一七七〇年（明和七） 大森子陽、地蔵堂に帰郷し、再開した三峰館に再び入塾し学ぶ。ここで四書五経など儒学の基本的知識を身に着けるとともに、漢詩文を学び、文孝の雅号で実作に励む。次弟、宥澄、誕生。

一七七二年（安永一） 三弟、香（後の澹斎）誕生。

一七七五年（安永四） 父の意向で三峰館退塾。名主見習いを始める。だが、名主としての仕事に適さず、失敗を繰り返し、代官と町民を怒らせる。また、このころ月潟村の大地主、関根小左衛門の娘を嫁に迎えたと思われる。しかし半年で離縁、妻は実家に戻る。妻はこの時すでに身籠っていたようで、実家に帰って一女を儲けるが、この娘はすぐに死に、月潟村の満徳寺の前寺浄現寺の墓所に葬られたという。この年、家を出るがその動機、目的地ははっきりせず、光照寺入門説、放浪説など諸説あるがどれも確証はなく、大森子陽、中村久右衛門などの人脈を頼り、おそらく中村家の詩会で面識のあった、永安寺の大舟和尚の下で参禅、修行したと筆者は考える。

一七七九年（安永八） この夏、尼瀬の光照寺に夏安居のために玉島円通寺の大忍国仙が立ち寄っていることを知り、にわかに思い立って駆け付け、国仙の受戒をうけ大愚良寛の法号を授けられて出家、国仙を本師とする僧伽となって備中玉島の円通寺に往く。以後約十七年、円通寺で修行するが、その間の修行の実態はよく分かっていない。

一七八三年（天明三） 母、秀子没。享年四十九歳。

一七八六年（天明六） 十月、父の以南、隠居願いを出し、弟の泰儀（号由之）が橘屋の家督を相続して町名主に就任。

一七八九年（寛政一） 弟由之の長男、馬之助誕生。

一七九〇年（寛政二） 冬、玉島円通寺にて大忍国仙から印可の偈を受ける。

一七九一年（寛政三） 大忍国仙没。享年六十九歳。この年九月に玄透即中が晋山式を行い、円通寺住職となる。また、三峰館時代の師、大森子陽が現山形県鶴岡市で客死。享年五十四歳。長年親交のあった柏倉要卿が霊を守り、現長岡市寺泊大字当新田の満腹寺裏山の墓地に埋葬した。翌年、円通寺を離れ、諸国行脚の旅に出るがその動機、行程などはまったく分かっていない。ただ、近藤万丈の『寝覚めの友』の中に、土佐の城下から十キロほど離れた粗末な草庵で暮らしていたとの記述がみられ、一時期土佐にいたと推測される。

一七九三年（寛政五） 五月、父以南、食客だった京都の絵師、中江五適とともに上洛。勤王の志を果たすためと伝えられる。

一七九四年（寛政六） 次弟の宥澄（三男）、橘家の菩提寺円明院の住職になる。

一七九五年（寛政七） 父以南、行方不明となる。京都の桂川に投身自殺したという説と高野山に登ったという説があり、詳細は不明。また遺書と言われる『天真録』も存在せず。

一七九六年（寛政八） 諸国遍歴の果て帰郷の途に就くが、その動機、帰郷の経路についてはっきりしたことは分かっておらず、様々な説がある。ただ、江戸に立ち寄ったことは非人八助を弔う詩によって明らかである。また、帰郷してまず居を定めたところが、日本海に面した郷本の空庵であることが橘茂世の『北越奇談』によって明らかである。以後、寺泊の照明寺内密蔵院、国上の本覚院、五合庵、牧ケ花の観照寺、野積の西生寺などを転々と移住する。しかし、正確な移住の時期、居住期間などは不明である。

一八〇〇年（寛政十二） 良寛の別れた妻死す。関根小左衛門家の菩提寺浄土真宗満徳寺の前寺浄現寺過去帳に「十一月十九日関根小左衛門・小五郎姉娘」の記載あり。

一八〇四年(文化一) 国上山中腹の五合庵に移住。一時期他の場所で短期間暮らしたが、以後ほぼ十三年間、ここに定住し、阿部定珍、解良叔問、有願和尚、原田鵲斎などとの交友を深めると同時に、付近の村々を托鉢して歩き、その途上で子供たちと手毬、草相撲、かくれんぼなどの遊びに興じる。

この年、出雲崎の名主を継いだ弟の由之が、農民たちの連名で代官所に訴えられる。上納金の使い込みやぜいたくな生活がその理由であった。

一八〇八年(文化五) 『万葉集』の歌を抄出した「あきのの」を作る。

一八一〇年(文化七) 上納金の使い込みなどで訴えられていた弟の由之に奉行所の判決が出る。橘屋の家財は没収され、由之は追放処分を受ける。息子の馬之助は名主見習い職を剝奪される。妹たかの夫の町年寄伊八郎も罰金を科せられ免職となり、ここで出雲崎の名家橘屋は消滅することになった。

一八一一年(文化八) 自筆の詩集『草堂集貫華』を制作。

一八一二年(文化九) 妹のたか(次女)没。享年四十四。自筆歌稿『ふるさと』を制作。

一八一六年(文化十三) 国上山中腹の五合庵から山麓の乙子神社草庵に移住する。老齢のため五合庵での生活が無理になったからである。

一八一八年（文政一）　大関文仲の『良寛禅師伝』成る。

一八一九年（文政二）　八月二十四日、解良叔問没。享年五十五歳。『万葉集朱注書き入れ』を制作。

一八二一年（文政四）　良寛詩集『草庵集』成る。

一八二四年（文政七）　十二月十七日、妹むら（長女）没。享年六十五歳。

一八二六年（文政九）　国上山を離れ、島崎の木村家内の薪小屋を改造した草庵に移住。

一八二七年（文政十）　秋、貞心尼と初めて対面。以後貞心尼はしばしば島崎の草庵を訪問し、時に歌を詠み合い、仏法の教えを授け、野に出て遊び、両者の交友深まる。

一八二八年（文政十一）　三条大地震。越後の被害は死者千六百七人、全壊家屋一万三千軒、半壊家屋九千三百軒、焼失家屋千百七十軒に及んだと言われる。この地震に際し良寛は「災難に逢時節には災難に逢がよく候　死ぬ時節には死ぬがよく候　是ハこれ災難をのがるる妙法にて候」と述べた手紙を与板町の山田杜皐に送っている。

一八二九年（文政十二）　貞心尼との親交、ますます深まる。

一八三〇年（天保一）　赤痢という説もある痢病にかかり、しつこい下痢に悩まされる。症状の重篤化を聞きつけた弟の由之駆け付ける。七月には盆踊りに出て徹夜で踊り明かし疲労困憊、病状ますます悪化する。上杉篤興が良寛の歌を編んだ『木端集』成る。

十二月、良寛危篤の報が貞心尼と由之に伝えられ、二人は駆け付けるが、良寛は小康を得て、由之は良寛を貞心尼に託し、帰宅。

一八三一年（天保二）　貞心尼と最後の歌の唱和を行う。一月六日午後四時頃、容態悪化し、遷化。

一八三五年（天保六）　貞心尼編の良寛歌集『蓮の露』成る。

参考文献一覧

青野季吉『芸術の園』（欧亜社、一九四六年七月）
秋月龍珉『禅門の異流――盤珪・正三・良寛・一休』（筑摩書房、一九九二年二月）
荒井魏『良寛の四季』（岩波書店、二〇〇一年八月）
安藤英男『良寛――逸話でつづる生涯』（鈴木出版、一九八六年八月）
飯田利行『大愚良寛の風光』（国書刊行会、一九八六年五月）
飯田利行『良寛髑髏詩集譯』（大法輪閣、一九七六年八月）
池田雨工『真人良寛』（萬松堂書店、一九一八年十月）
石田吉貞『良寛――その全貌と原像』（塙書房、一九七五年十二月）
板橋興宗『良寛さんと道元禅師――生きる極意』（光雲社、一九八六年四月）
伊丹末雄『良寛――寂寥の人』（恒文社、一九九四年九月）
出雲崎町史編さん委員会『出雲崎町史　通史編　上巻』（一九九三年九月）
井本農一『良寛（上）（下）』（講談社学術文庫、一九七八年一月）

入矢義高『禅入門第12巻　良寛　詩集』（講談社、一九九四年一月）
上田三四二『この世この生――西行・良寛・明恵・道元』（新潮文庫、一九九六年六月）
上田三四二『良寛の歌ごころ』（考古堂書店、二〇〇六年六月）
上館全霊『近世高僧逸話』（仏教館、一九一五年二月）
植野明磧『良寛さん』（社会思想社現代教養文庫、二〇〇一年六月）
内山知也『良寛詩　草堂集貫華』（春秋社、一九九四年五月）
大坪草二郎『良寛の生涯とその歌』（葦真文社、一九七八年十一月）
大島花束・原田勘平訳註『良寛詩集』（ワイド版岩波文庫、一九九三年四月）
大橋佐平『北越名士伝』（大橋書房、一八八四年六月）
大屋直衛『直江遺稿』（金子寛一編集・発行、一九一九年四月）
蔭木英雄『良寛伝私抄』（考古堂書店、一九九七年一月）
片岡鶴太郎『良寛椿』（佼成出版社、二〇〇九年七月）
加藤僖一『良寛事典』（新潟日報事業社出版部、一九九三年九月）
加藤僖一『良寛入門』（新潟日報事業社出版部、二〇〇四年一月）
加藤僖一『解良栄重筆　良寛禅師奇話』（考古堂書店、二〇一一年七月）
蒲生重章『近世偉人伝』（蒲生重章、一八八一年十一月）
川田順『山海居歌話』（非凡閣、一九三六年五月）
唐木順三『良寛』（筑摩書房「日本詩人選・20」、一九七一年一月）
北川省一『良寛　その大愚の生涯』（東京白川書院、一九八〇年十二月）

北川省一『良寛さばなしなら面白い』(春秋社、一九九〇年六月)
紀野一義『良寛さまを旅する』(清流出版、一九九九年七月)
紀野一義『名僧列伝(二)』(講談社学術文庫、一九九九年十二月)
久保田展弘『狂と遊に生きる 一休・良寛』(中央公論新社、二〇〇〇年六月)
栗田勇『良寛』(春秋社、二〇〇五年三月)
栗田勇『道元 一遍 良寛』(春秋社、一九九〇年一月)
栗田勇・小松茂美・小島正芳・長谷川四郎・他『良寛さん』(新潮社とんぼの本・一九八九年九月)
小島正芳『良寛の書の世界』(恒文社、一九八七年十月)
小林勇『雨の日』(文藝春秋新社、一九六一年九月)
小林存『弥彦神社 附・国上と良寛』(萬松堂書店、一九一三年四月)
斎藤清衛『隠仙の文学』(武蔵野書院、一九六三年四月)
斎藤廣作『良寛詩と中国の古典』(考古堂、一九九五年八月)
斎藤廣作『良寛をめぐる人々』(考古堂、一九九二年十月)
斎藤茂吉『斎藤茂吉全集第二十二巻 良寛和尚の歌』(岩波書店、一九七三年九月)
榊莫山『わたしの良寛』(毎日新聞社、一九九九年十一月)
佐佐木信綱『万葉清話 良寛和尚の万葉集』(靖文社、一九四二年五月)
須佐晋長『良寛の一生』(第一書房、一九三九年四月)
鈴木史楼『百人一書——日本の書と中国の書』(新潮選書、一九九五年六月)
瀬戸内寂聴『手毬』(新潮社、一九九一年三月)

相馬御風『渡辺秀英校註　大愚良寛』（考古堂書店、二〇一五年十一月）
相馬御風『一茶と良寛と芭蕉』（春秋社、一九二五年十一月）
相馬御風編『良寛和尚詩歌集』（春陽堂、一九一八年二月）
相馬御風『良寛百考』（厚生閣、一九三五年三月、有峰書店復印発行、一九七四年三月）
高木市之助校注『近世和歌集　日本古典文学大系93』（岩波書店、一九六六年八月）
高島大圓『熱罵冷評』（丙午出版社、一九一七年八月）
高野辰之『芸淵耽溺』（東京堂、一九三六年十二月）
高橋庄次『手毬つく良寛』（春秋社、一九九七年四月）
高橋庄次『良寛伝記考説』（春秋社、一九九八年九月）
田中圭一『良寛の実像』（刀水書房、一九九四年五月）
谷川敏朗『カラー図説　良寛の生涯』（恒文社、一九八六年六月）
谷川敏朗・良寛全集刊行会編著『良寛全集別巻1　良寛　伝記・年譜・文献目録』（野島出版、一九八一年七月）
玉城徹『近世歌人の思想——和歌における人間回復の課題』（不識書院、一九八八年二月）
貞心尼筆『はちすの露』（野島出版、一九九二年五月）
東郷豊治編著『良寛歌集』（一九八〇年三月第二版、創元社）
東郷豊治編著『全釈　良寛詩集』（一九六二年四月、創元社）
東郷豊治『新修　良寛』（東京創元社、一九七〇年四月）
ドナルド・キーン著、徳岡孝夫訳『日本文学史　近世篇三』（中公文庫、二〇一一年五月）
中田勇次郎『書道芸術　第二十巻　良寛』（中央公論社、一九七五年五月）

中野孝次『風の良寛』（集英社、二〇〇〇年十二月）
中野孝次『良寛の呼ぶ聲』（春秋社、一九九五年六月）
中村宗一『良寛の偈と正法眼蔵』（誠信書房、一九八四年十月）
南雲道雄『こころのふるさと良寛』（平凡社、二〇〇五年五月）
夏目鏡子『漱石の思ひ出』（改造社、一九二八年十二月）
新潟県人文研究会『越佐研究第十九号』（新潟県人文研究会、一九九二年三月）
新美南吉『良寛物語　手毬と鉢の子』（中日新聞社、二〇一三年七月）
西郡久吾編述『北越偉人沙門良寛全伝』（思文閣、一九七〇年七月復刻版）
長谷川洋三『良寛の思想と精神風土』（早稲田大学出版部、一九七四年十二月）
原坦山『鶴巣集』（仏仙社、一八八四年四月）
平沢一郎『良寛の道』（東京書籍、一九九三年十一月）
平野秀吉『良寛と万葉集』（文理書院、一九六六年九月）
藤井宗哲『良寛　魂の美食家』（講談社現代新書、一九九四年十一月）
別冊太陽「日本のこころ153」『良寛』（平凡社、二〇〇八年六月）
松本市壽『良寛という生きかた』（中央公論新社、二〇〇三年十二月）
松本市壽『野の良寛「良寛禅師奇話」を読む』（未來社、一九八八年七月）
松本仁『河上肇の歌と生涯』（平書房、一九四九年七月）
水上勉『良寛』（中央公論社、一九八四年四月）
水上勉『良寛を歩く』（日本放送出版協会、一九八六年三月）

宮栄二編『良寛研究論集』（象山社、一九八五年五月）
宮柊二他『良寛の世界・新装版』（大修館書店、一九八七年六月）
三輪健司『人間良寛　その生成と新生』（恒文社、一九八五年十月）
武者小路実篤『真実の美しさ』（再建社、一九五七年十二月）
村上三島『良寛とこれからの書』（春秋社、一九九五年十一月）
森銑三『近世高士伝』（黄河書院、一九四二年十月）
矢代静一『良寛異聞』（河出書房新社、一九九七年九月）
柳田聖山『良寛　漢詩でよむ生涯』（日本放送出版協会、二〇〇〇年十月）
柳田聖山訳『良寛　良寛道人遺稿』（中央公論新社、二〇〇二年十月）
柳田聖山『沙門良寛　自筆本「草堂詩集」を読む』（人文書院、一九八九年一月）
吉野秀雄『良寛　歌と生涯』（筑摩叢書、一九七五年十一月）
吉野秀雄・他『実朝集　西行集　良寛集』（古典日本文学全集21、筑摩書房、一九六六年十一月）
吉本隆明『良寛』（春秋社、一九九二年二月）
渡辺秀英『良寛出家考』（考古堂書店、一九七四年十二月）
渡辺秀英『良寛の弟　山本由之』（考古堂書店、二〇〇二年五月）
Watson, Burton『Ryokan: Zen Monk-Poet of Japan』(New York, Columbia University Press, 1977)
道元『正法眼蔵』1－8（増谷文雄訳注、講談社学術文庫、二〇〇五年九月）
道元・著　懐奘・編『正法眼蔵随聞記』（和辻哲郎校訂、岩波文庫、二〇一四年五月）

道元『典座教訓・赴粥飯法』(中村璋八・石川力山・中村信幸・全訳注、講談社学術文庫、二〇一五年五月)
道元『永平広録・真賛・自賛・偈頌』(大谷哲夫全訳注、講談社学術文庫、二〇一四年六月)
道元『宝慶記』(大谷哲夫全訳注、講談社学術文庫、二〇一七年八月)
中村元・福永光司・田村芳朗・今野達編『岩波仏教辞典』(岩波書店、一九八九年十二月)
鈴木大拙著、横川顕正訳『禅堂生活』(岩波文庫、二〇一六年五月)
竹内道雄『道元・新稿版』(吉川弘文館人物叢書、一九九二年二月)
船岡誠『道元——道は無窮なり』(ミネルヴァ書房、二〇一四年六月)
森三樹三郎『老子・荘子』(講談社学術文庫、一九九四年十二月)

あとがき

私が良寛に興味を抱いたきっかけは歌だった。

月よみの光を待ちて帰りませ山路は栗の毬の多きに

この一首を目にしたのは十代の始めだったと思うが、それ以来、折に触れてはこの歌を口ずさんで来た。そのうち、良寛の生涯を自分なりにたどってみようという思いがしきりに湧くようになり、ようやくこの一冊に仕上げることが出来た。

しかし、歌から良寛に入った私にとって、漢詩や書はともかく、良寛の思想の根本を形成する道元の『正法眼蔵』を理解することは困難を極めた。増谷文雄の全訳注のついた講談社学術文庫版の原文を通読し、ところどころは再読、三読したが、とても十分に理解できたとは思えない。しかし、自分の理解した範囲内で、良寛と道元との関係を書くことは良寛さまも許してくれると思い、暴虎馮河《ぼうこひょうが》の勇を揮って、本書を書き上げた次第である。

また良寛について書かれた本は、まさに汗牛充棟ただならず、とてもすべてを読み切ることは不可能であったが、手に入る本を中心に出来る限りの文献を読んだ。そこで気が付いたことは、これだけ多くの文献があるにもかかわらず、良寛の生涯は謎だらけだということだった。多くの研究者が、自分の「推測」をまじえて良寛の生涯を書いているのである。

一例を挙げれば、良寛が剃髪をした寺についてさえ、諸説乱れ、文献的な確証に基づくものはない。私は、人脈をたどり茨曾根の永安寺説を提出した。多くの批判を仰ぎたい。

良寛妻帯説についても各説あるが、各種の文献を読み、また現地の関根家の関係者にお目にかかった末、妻帯説を確信するに至った。

漢詩の読み下しは東郷豊治の『良寛詩集』に従ったが、自分の訓も交えた。

最後に、本書の成立に至るまでにお世話になった、多くの人々に感謝を捧げたい。まず、公益財団法人大倉文化財団理事長、東京経済大学元学長・理事長の村上勝彦氏には、地元の良寛研究家である富沢信明新潟大学名誉教授を紹介していただいた。富沢氏は、二日間にわたって、晩秋の蒲原平野の良寛ゆかりの地を自ら車を運転して案内してくださった。

また、永安寺の鳥木俊英住職、大関良美氏、有願会事務局長山田泰介氏、満徳寺住職御夫妻、釋尼妙歓の実家の本家である、関根家の現当主、関根仲行《ひろゆき》氏、橘屋から釋尼妙歓の嫁入り道具を実家まで運んだ関根熊市のご子孫の関根俊一氏、解良家のご子孫などの方々に大変お世話になった。関根仲行氏からは当家の土蔵に埋もれていた貴重な資料を提供していただいた。

さらに、東京経済大学学長の岡本英男氏、同大学教授の鈴木直氏のお二人には、この間、文字通り、筆舌に尽くし難いお世話になった。時々、私にご馳走して励まして下さる伊藤美穂子伯母と、いろいろ面倒をかけている姉の渡辺徳子にも感謝したい。さらに、畏友平井力氏からは販売面で協力してくださるという温かいお言葉をいただいた。

最後に、一時は刊行が決定していたにもかかわらず、担当者の病気のために、刊行中止となった本書を、再び刊行してくださることになった、作品社和田肇社長と渡辺和貴氏に心からの感謝を捧げたい。

とにかく、本書の刊行に至るまでには迂路曲折、様々な困難が山積しており、一時は刊行をあきらめようかとさえ思ったが、何とか刊行にこぎつけることが出来た。この間、良寛さまに絶えず見守られ、ある時は叱責され、ある時は救っていただいたような気がしきりにしている。

持田鋼一郎

平成二十九年十二月十九日

著者略歴

持田鋼一郎（もちだ・こういちろう）

一九四二年、東京都生まれ。早稲田大学政経学部卒業。出版社勤務を経て紀行・伝記作家。歌人。翻訳家。

著書に『エステルゴムの春風』（新潮社）、『ユダヤの民と約束の土地』（河出書房新社）、『高島易断を創った男』『世界が認めた和食の知恵』（以上、新潮新書）、訳書にG・E・メーヨー『夢の終わり』（みすず書房）、『ガンとともに生きる』（作品社）、『生きてこそ輝く』（ＰＨＰ研究所）、歌集に『夜のショパン』（花神社）、『欅の歌』（不識書院）、『異郷逍遥集』『此岸と彼岸』（以上、ながらみ書房）などがある。

良《りょう》寛《かん》

——愛語は愛心よりおこる

二〇一八年三月五日　第一刷印刷
二〇一八年三月一〇日　第一刷発行

著者　持田鋼一郎
装幀　小川惟久
発行者　和田肇
発行所　株式会社　作品社

〒一〇二-〇〇七二
東京都千代田区飯田橋二ノ七ノ四
電話　（〇三）三二六二-九七五三
ＦＡＸ　（〇三）三二六二-九七五七
振替　〇〇一六〇-三-二七一八三
http://www.sakuhinsha.com

本文組版　米山雄基
印刷・製本　シナノ印刷㈱
落・乱丁本はお取替え致します
定価はカバーに表示してあります

ISBN978-4-86182-682-5　C0095